Thomas Moser
AfrikaFieber

Neu überarbeitete Ausgabe
Copyrights © Oktober 2000
by eingeboren.ch
Merkurstrasse 27, CH-8032 Zürich
TelFax +41 1 262 39 14
Buchumschlag: Alexis Saile
Fotos: Thomas Moser
Originalausgabe Copyrights © 1996
by Moser Productions, Zürich
ISBN 3–9521415–1–8
www.eingeboren.ch

Eine Reise durch Ghana

Das Buch
Der Text zu diesem Buch entstand im Jahre 1996 während einer vier Monate dauernden Reise durch Ghana. *AfrikaFieber* ist *kein* landläufiger Bericht über ein faszinierendes Afrika, wo Sitten und Gebräuche der Schwarzen analysiert und eingereiht werden in die ethnologische Sprache antiquierter Wissenschaftler und missionierender Entwicklungshelfer. Als weisser Exote auf dem schwarzen Kontinent beschreibt Thomas Moser in zeitgenössischer Eigenart ein ihm fremdes und auch mal befremdliches Afrika. Mit seiner direkten und humoristischen Sprache nimmt er den Leser mit auf seinen Trip. Da wird nichts idealisiert oder mit dem Mäntelchen eines heuchlerischen Humanismus zugedeckt, sondern da tut sich ein ganzer Reigen von schönen und unschönen Gefühlen, von grossartigen und haarsträubenden Eindrücken auf, wie sie sich einem Weissen in Afrika offenbaren können. *AfrikaFieber* ist ein ehrliches Buch.

Der Autor
Thomas Moser wurde 1956 in Solothurn geboren. Nach der kaufmännischen Lehre kennzeichnen lange Reisen und eine autodidaktische Laufbahn seine Vita. Er trat während einiger Jahre als Schauspieler auf Schweizer Bühnen auf, stapelte Pakete bei der Post und unterrichtete Deutsch für Fremdsprachige im In- und Ausland. Heute ist Thomas Moser freier Schriftsteller. Er wohnt in Zürich.

PROLOG 6

SCHOCK 7

WEISSE NEGER 16

KÜNSTLER UND KUNSTWERKE 23

JOINTS UND TABUS 31

TROMMELN FÜR DEN FRIEDEN 38

IM BUSCH 51

IN DER SAVANNE 68

IM WIND 77

GESPENSTERBÄUME 83

GLOBALISIERUNG 98

DÄMONEN 105

EDELSTEINE 112

PASSKONTROLLE 116

AUF UND DAVON 124

RAMSEYER GEHT GRASEN 130

LIEBEN UND LEIDEN 140

GESCHÄFTSGEBAREN 154

STRESS 163

SCHWEIZER SEIN 168

EPILOG 172

Humor ist,
wenn man trotzdem lacht.

Otto Julius Bierbaum

PROLOG

Nun sitze ich halt wieder einmal, wie schon so oft zuvor, in einem viel zu kleinen und schmuddeligen Hotelzimmer. Der Teppich, ein alter brauner Spannteppich, in dem ich die Milben und das Getier schon fast sehen kann, ist um die Toilettentür herum ganz nass. Irgendwie läuft das Wasser in der Dusche nicht richtig ab, und so drückt eben alles von unten wieder hoch, durch den Teppich. Vielleicht ist es auch ein Rohrbruch. Ich verstehe nicht viel von solchen Sachen. Was immer es auch ist: Es ist schmuddelig, feucht und eklig.

Ich habe mir eben überlegt, ob ich es an der Réception melden soll. Aber das gäbe nur viel Umtriebe, kostete Nerven, und am Ende würde doch nichts dabei herausschauen. Viel Lärm um nichts. So lasse ich es besser bleiben und checke dafür morgen wieder aus und gehe auf die Suche nach einem neuen Zimmer, das sicher wieder seine eigenen Tücken hat. Vielleicht ein billigeres, ohne eingebaute Dusche, dafür mit trockenem Boden, der kein Brutnest für Malariamücken ist, und wo das Bett dafür vielleicht Bettwanzen beherbergt. Aber so ist das in Afrika. In Accra bin ich, in Ghana.

Ich sitze also in diesem Zimmer und habe mich entschlossen, die Wirklichkeit zu beschreiben, falls es die überhaupt gibt. Und sollte es die Wirklichkeit gar nicht geben, unternehme ich wenigstens den Versuch, die Wirklichkeit auf meiner Reise durch Ghana, so zu beschreiben, wie ich sie sehe und erlebe, so, wie sie sich mir zeigt.

SCHOCK

Der Flug war eigentlich gar nicht so lang gewesen. Ein Tagesflug. Trotzdem war es ein langer und ein anstrengender Tag gewesen. Am frühen Morgen flog ich nach Amsterdam. Dort musste ich ein paar Stunden warten und vertrieb mir die Zeit mit Lesen, Herumgucken, Kaffee trinken und Auf-die-Uhr-Schauen. Auf dem Flughafen von Accra ging dann alles ziemlich glatt. Ich liess mich gleich von einem Typen per Taxi zu überhöhtem Preis abschleppen und liess mich in die Traveller-Absteige *Hotel de California* chauffieren. Ich dachte, das wäre die richtige Adresse für den Einstieg: ein paar Weisse, Travellers, Tips, Ideen, und Meinungen.

Es war nicht mehr ganz früh am Abend, vielleicht zehn Uhr, und auf dem Hotelplatz hingen ein paar Typen rum, von denen mich auch gleich ein Rasta mit verfilzten Haaren und einer riesigen Alkoholfahne in Beschlag nahm. Er fuchtelte die ganze Zeit mit den Armen rum, schlug mir dabei ununterbrochen auf die Schultern, umarmte mich sogar und nannte mich sogleich seinen besten Freund. Er sei Trommler und Touristenführer von Beruf, sei mit einer Deutschen verheiratet, die aber zurzeit in Deutschland weile und auf ihn warte und so weiter und so fort. Das war ein bisschen viel aufs Mal, war ich doch eben erst in Ghana angekommen.

Und er schwitzte. Und schwitzte. Und stank. Mein Gott, dachte ich, wenn hier alle so riechen und so aufdringlich sind, so kann ich morgen gleich wieder abhauen. Dann das Hotelzimmer. Das Hotelzimmer war eine Katastrophe. Klitzeklein, nicht viel grösser als das Bett, und ohne Licht.

»Das behebe ich sofort«, sagte mein neu erworbener Freund, und verschaffte sich dadurch auch gleich Zugang zu meinem Zimmer. Er stellte sich auf einen Stuhl und drehte an der Glühbirne herum, was aber auch noch kein Licht machte. Das Zimmer hatte zudem keine eigene Dusche und kein eigenes WC. Dabei hatte ich mir doch gewünscht, wenigstens bei meiner Ankunft auf dem afrikanischen Kontinent ein bisschen Komfort zu haben. Statt dessen nun diese miese, kleine Bretterbude, in der es zudem nicht sehr gut roch. Und niemand da. Kein Weisser, meine ich. Nur diese Horde von Schwarzen. Ich kam doch gerade erst aus Zürich, aus der Schweiz, das erste Mal in Afrika und dann gleich so was. Richtig *Down Town*.

Adabraka. So nennt sich der Stadtteil. Und der Stadtteil wird dem Klang seines Namens gerecht. Adabraka. Das tönt doch schon nach Brechen und Biegen, nach Wrack, nach Zusammenbruch und Zerstörung.

Den Typen, Afrika, wie er sich selbst nannte, wurde ich an diesem Abend nicht mehr los. Als ich ihm sagte, dass ich noch kein ghanaisches Geld gewechselt hätte, bot er mir gleich welches an, und unterstrich damit unser unauflösliches Freundschaftsband und sagte grosszügig, dass ich ihm das Geld morgen wieder zurückgeben könne. Ein wirklich guter Kumpel! Ein Trommler und Rasta eben. Eigentlich war er ganz o.k.

Na ja, so liess ich mich halt auf den Handel ein. Viele andere Möglichkeiten sah ich im Moment ohnehin nicht, noch zu einem Bier und dem ersten Schnuppern in der neuen Welt zu kommen. So gingen wir in die Kneipe nebenan auf ein Bier und ich liess seinen ununterbrochenen und etwas heiseren Redefluss über mich ergehen. Es gab Bier vom Fass, wie ich freudig feststellte. Doch das schmeckte wie ein übersäuerter Magen. Das Bier aus der Flasche dann, war schon besser.

Später gingen wir in eine von Mauern umgebene Disco in einem Garten, wo lauter Nutten herumhingen. Die versuchten auch gleich, mich dem Rasta auszuspannen. Er sei ein schlechter Mensch, wie alle Rastas (ein in Ghana weitverbreitetes Vorurteil), er wolle mich nur abzocken und so, und ich solle doch zu ihnen sitzen. In ihre Arme kommen und mich von ihnen abzocken lassen, wie sie wohl meinten. Im Grunde wollte ich alle zusammen loswerden. Afrika war zutiefst beleidigt, als ich plötzlich gehen wollte, und bestand darauf, mich von ihm nach Hause bringen zu lassen, nicht ohne dass ich ihm nachher natürlich die Retourkutsche in die Disco bezahlen musste, mit dem Geld das ich von ihm geliehen hatte.

Ich schlief nicht gut und nicht lange. Um vier Uhr früh wachte ich verschwitzt und mit paranoiden Halbschlafträumen auf, in denen Afrika die Hauptrolle gespielt hatte. Ein fürchterlicher Lärm von der Strasse weckte mich noch zusätzlich. Das Hotel liegt direkt an der Kreuzung zweier Hauptstrassen, und in der Früh scheint es den Leuten hier besonderen Spass zu machen, zu hupen und bei Leerlauf aufs Pedal zu treten, als gelte es, den Motor zu testen. Afrika war noch immer anwesend in meiner Seele und drehte in meinem Gehirn ununterbrochen seine Runden. Es schien, als hätte er mich okkupiert. Ihn verfluchend wurde ich ihn langsam wieder los. So stand ich halt auf und unternahm meinen ersten Spaziergang bei Tageslicht und wollte erst mal die nähere Umgebung auskundschaften.

Schock. Ich war wirklich schockiert. Ich wusste damals noch nicht, dass ich meinen Spaziergang ausgerechnet in den schlimmsten Stadtteil unternommen hatte, Jamestown, unten am Meer. Alles war schmutzig, heruntergekommen und stank. Die Häuser waren eingebrochen, halb zerstört alles, und die Menschen arm, bitter arm, halbnackt. Am liebsten wäre ich sofort wieder nach Hause geflogen.

Zurück im Hotel, wartete natürlich schon Afrika auf sein Opfer. Doch ich war jetzt ganz cool zu ihm und gab ihm sofort das Geld zurück, welches ich vorher bei einer Bank eingetauscht hatte. Ständig kamen nun neue und immer mehr afrikanische Typen auf den Hotelplatz, die mir und allen andern Touristen auch, die nun langsam aus ihren Löchern erschienen, in ghanaischer Manier die Hände schütteln wollten: ein langausholender Handschlag, wo man dann zum Schluss gegenseitig am Mittelfinger des andern Anlauf holt und mit dem Finger schnippt. Ob man will oder nicht, das hat man schnell im Griff. Ich dachte, wenn das die ganze Zeit in Ghana so weitergeht, ist mein Mittelfinger sicher bald fünf Zentimeter länger. Ich war also aufgenommen in den Clan des *Hotel de California* und lernte in diesem Chaos von Schwarzen, die Jagd auf Weisse und ihr Geld machten, schnell ein paar Leute kennen.

Leon, ein Mischling aus New York, hatte das Zimmer neben meinem. Am nächsten Morgen gegen acht fing ein Hotelangestellter damit an, in der Dusche, die gleich an unsere Zimmer grenzte, eine lecke Wasserleitung auszuspitzen, mit Hammer und Meissel, so dass das ganze Hotel zitterte und die noch schlafenden Gäste Sekunden später kerzengerade in ihren Betten sassen.

Um dem Krach zu entfliehen, gingen Leon und ich gleich mal die Quartierstrasse runter, entlang der nach oben offenen Kanalisation, und wir hätten die Morgenscheisse vom ganzen Quartier begutachten können, wenn wir bloss ein bisschen guten Willen gezeigt hätten. Ein spezialisierter medizinischer Laborant könnte auf einem Morgenspaziergang durch Accra die gesundheitliche Grosswetterlage eines ganzen Stadtviertels mit einem einzigen kurzen Blick auf das Material analysieren. Weiter unten, bei der nächsten Kreuzung, kauften wir uns eine Ananas zum Frühstück und freuten uns an der jungen Verkäuferin, und schlenderten dann ein bisschen weiter in der Gegend rum.

Leon war schon das fünfte Mal in Afrika. Vielleicht suchte er einen Teil seiner Wurzeln, vielleicht aber wollte er auch nur dem Alltag eines Fliessbandarbeiters in einer Autofabrik entkommen. Er reiste zusammen mit zwei Saxophonen, »Ich bin ein guter Jazzer«, und einem grossen Koffer, mit vielen entbehrlichen Sachen vollgepackt. Ein grosses Farbfotobuch über schwarze Frauen zum Beispiel, um nur ein Ding beim Namen zu nennen. Innerhalb einer Woche war er von Abidjan durch Ghana, Togo, Benin nach Lagos und wieder zurück nach Accra gereist. Er hatte nicht mal ein Visa für Ghana und hatte an der Grenze nur 48 Stunden bekommen, die er jetzt schon überzogen hatte. Am andern Tag wolle er wieder nach Benin, um dort ein Geschenk für seine Mutter zu kaufen, und dann wieder zurück nach Accra. Auch eine Variante, seine drei Wochen Ferien in Afrika zu verbringen: In überfüllten Bussen, auf schlechten Strassen und mit viel unnützem Gepäck. Abenteuer pur. Ob er seine Ahnen und Verwandten gefunden hat, kann ich nicht mit Sicherheit sagen, da wir uns, so spontan wie wir uns kennenlernten, so schnell auch wieder verpassten.

Tagelang hing ich im legendären *Hotel de California* rum, eine Ewigkeit, wie mir schien. Doch ich wollte weg von dort, nur weg. Aber irgend etwas hielt mich fest. Waren es die Typen, bei denen ich eine gewisse Führungsrolle übernommen hatte, oder die Touristen, die mir durch die Ähnlichkeit der Situation, in der sie in Afrika steckten, etwas Halt und Solidarität gaben, oder war es einfach der Drang ein Zuhause zu haben? Doch ich wollte flüchten aus den Klauen des *Hotel de California.*

Am Sonntag dann, ich war nun schon fünf Tage in Ghana, liess ich mich von den Typen rund ums Hotel zur *Labadi Beach* abschleppen. *Labadi Beach* ist der Strand, wo sich sonntags die afrikanische Mittelschicht und die Weissen ein Stelldichein geben.

Labadi Beach, das heisst Restaurants, Bars, Sand, Liegestühle, Tische, Sonnenschirme, Coca-Cola, Bier, Shrimps, nackte Haut, Rasta-Bands, Trommeln und wilde afrikanische Tänzer, Masken- und Schmuckverkäufer, überhöhtes Eintrittsgeld, Nutten, fliegende Händler, das Rauschen der Brandung, Pferde, die auf einen Ausritt mit einem Touristen warten und durch den Sand stieben, zum Schrecken der auf zu kleinen

Badetüchern Bücher lesenden Intellektuellen. *Labadi Beach*, das Eldorado für Träume, Hoffnungen und Sehnsüchte. *Labadi Beach*, das Sand gewordene Hollywood im afrikanischen Ghana.

Dort traf ich sie. Monika. Sie, die mich dem eisernen Griff des *Hotel de California* entreissen wird. Sie, die mich in den reissenden Fluss des sich manifestieren wollenden Schicksals stossen wird. Eine Stunde nach unserer Begegnung habe ich sie bereits ganz romantisch in der noch frischen Dunkelheit am Strand in der Nähe der Eintrittshäuschen, auf die sie ständig schielte – als ob sie dort jemandem Signale zu senden oder welche zu empfangen habe –, geküsst und bin auch gleich mit ihr ins *Hotel de California* zurückgefahren, froh darüber, der aufdringlichen Szene im Hof durch das starke Geleit dieser Frau endlich entfliehen zu können. Sie war selbstsicher und stellte diesen aufrechten, afrikanischen, laszieven Gang zur Schau, so dass ich sozusagen in ihrem Schatten hinter ihr her durch Accra wandelte, ihr wie hypnotisiert das Kleingeld übergab, damit sie die Taxis und die Details bezahlen konnte. Eine Sphinx ist sie, habe ich mir gesagt. Sie sprach praktisch nichts, und ging ganz gelassen immer den nächsten Schritt an. Ihre analphabetisierte Seele tat mir gut, ihr unausgesprochenes Geheimnis liess sich leicht mit mir teilen. Unsere Begegnung war wie ein Komplott. Die Verschwörung der Liebe, gepaart mit jedem seiner Kompensation: Sie brauchte Geld und bekam es auch, und ich war emotional ausgehungert und wurde entschädigt. Am nächsten Tag checkten wir zusammen aus und fuhren gleich an den Strand nach Kokrobite. Zusammen sollten wir noch die halbe Küste Ghanas abklappern, bis dann das Ende kam, das unausweichliche Ende, fast so wie ich es von

Anfang an geahnt hatte, seit sie damals auf den besagten Eingang zur *Labadi Beach* schielte. Nur dass ich meinem Instinkt, dass sich dort tatsächlich ein Sender aufhielt, der unser Liebesdrama fernsteuerte, nicht trauen wollte.

Nach 16 Tagen Spass, Liebe und Reisen verschwand sie mit 330 Dollar, die sie mir unter dem Bett hervor gestohlen hatte, und ich vermisste sie trotzdem. 330 Dollar, exakt die Hälfte meines noch verbliebenen Bargeldes. Brüderlich und schwesterlich geteilt. Fast schon wieder sympathisch.

Und draussen vor meinem Fenster sitzen diese afrikanischen Riesenkrähen, über die wir noch gespottet hatten, als Monika noch da war. Jeder prophezeite dem andern, dass sie ihn holen kommen würden, wenn wir uns getrennt hätten. Und jetzt sind sie da und krähen vor meinem Fenster. Bekrähen sie mein Schicksal mit Monika, oder bilde ich mir das einfach nur ein, weil ich krank bin? Eine furchtbare Magenruhr hat mich heimgesucht. Kotzen, Magenkrämpfe, Dünnschiss. Tagelang. Ich habe den Eintritt und meine Naivität zu und in Afrika gleich doppelt bezahlt.

Zwei Tage bin ich jetzt flach gelegen, mit Magenkrämpfen, Durchfall, Erbrechen und Fieber. Ich habe mich von meiner dicken Schlummermutter, so um die 50, und ihrem Mann, einem richtigen afrikanischen Häuptling, verabschiedet.

Drei Tage vorher kam ich abends mit einem Tetrapack billigen spanischen Weins, den ich in einer lokalen Bar gekauft hatte, ins Hotel in Dixcove an der Westküste Ghanas. Sie begrüsste mich stürmisch und schon etwas betrunken mit einem Handschlag. Sie wollte mich unbedingt vorher schon mal als Gast in ihrem Hotel gesehen haben. So schenkte ich ihr halt auch ein Glas voll ein, und dann kamen wir hinter dem Haus auf dem Rasen zusammen ins Gespräch.

»Also wenn Sie hier ein Haus bauen wollen«, referierte sie, »dann kaufen Sie das Land am besten bei mir. Mir gehört das halbe Dorf hier, ich bin die Tochter eines Häuptlings. Wir haben schon an andere Ausländer verkauft. Meine Tochter ist mit einem Deutschen verheiratet, und die haben für 3000 Mark Land gekauft und für weitere 3000 ein kleines Ferienhäuschen gebaut. Hier in Ghana ist alles billig. Der Zement ist billig, die Bausteine sind billig, Holz ist billig, Arbeit ist billig, alles andere ist auch billig.« Sie kam so richtig in Fahrt und ich hörte ihr einfach zu, war froh, nichts sagen zu müssen und mich bei einem Gläschen Wein unterhalten zu lassen. Als es dunkel geworden war und ich gegessen hatte, ging ich wieder zu ihr in den Garten. Sie war jetzt schon ziemlich angeheitert und froh, dass ich ihr wieder Gesellschaft leistete.

Am andern Morgen hatte ich dann diese Magenkrämpfe und einen furchtbaren Durchfall und starkes Fieber und ich kotzte und schiss die ganze Toilette voll, und fühlte mich elend, sterbenselend. Agnes, so hiess die Chefin von Dixcove, war besorgt um mich, machte mir Schwarztee und brachte mir irgendwelche afrikanische Medizin, bis ich wieder genesen war und weiterziehen konnte.

WEISSE NEGER

Herr Oberhans, wie er sich selbst vorstellte, war ein Österreicher, wie ich ihn schon an der ersten nasalen Silbe erkannte, ein Rentner, 62 Jahre alt. Er stand da im Hof des Hotels *Hollywood* in Elmina, wo ich am letzten Sonntag versuchte, mich von meiner Darmgrippe zu erholen. Versuchte.

Da fand aber eine Begräbnisfeier statt. Begräbnisse dauern hier in Afrika oft tagelang. Da wird gegessen, getrunken und palavert, da kommen Mann und Frau in die schönsten Tücher gehüllt, ganze Familienclans in den gleichen Farben, und zeigen ihre schönen Töchter her. Und hören Musik. Man hört Musik. Afrikanische Musik. Einen langen Nachmittag lang. Stundenlang. In voller Lautstärke. Auf einer schlechten Anlage, wo sich die Bässe überschlagen und die Höhen zu schrill tönen und an den geweisselten Betonmauern zerschellen und einem in die Ohren zurücksausen wie Splitter einer Handgranate. Hier verbrachte ich den Nachmittag, in diesem Hotel in Elmina, einem kleinen, schmutzigen Kaff am Meer. Am Abend nach der Begräbnisparty waren meine Ohren zu und schmerzten, so dass ich fürchten musste, ich bekäme zu allem Überfluss des Darmes auch noch eine Ohrenentzündung beigemischt.

Am andern Morgen, ich war eben am Auschecken, sah ich Herrn Oberhans, wie er breitbeinig, wie ein kleiner Capo, neben seinem Auto stand, an dessen Batterie sich ein Schwarzer zu schaffen machte. Ich grüsste ihn, und er stellte sich sofort vor. Er wohnte gleich nebenan in einem kleinen, selbstgebauten Häuschen, das von aussen aussah wie eine Garage, aber für afrikanische Verhältnisse ziemlich perfekt gemacht und eingerichtet, mit Dusche, Licht und Steckdosen.

»Das ist mein Wartestübchen«, erzählte er mir.

Was er hier unten denn mache, fragte ich ihn.

»Für mein Haus kämpfen«, erklärte er mir in einem Ton, als würde er mir erklären, wo es die besten Bananen zu kaufen gäbe. Seine Frau wolle ihm das Haus wegnehmen, beziehungsweise seine Ex-Frau habe es ihm schon weggenommen. Sie habe es einfach vermietet, während er in Österreich gewesen sei. Dummerweise habe er es auf ihren Namen gebaut.

»Die Torheit der Liebe«, erklärte er lakonisch. Als ob ihm das alle Jahre mal passieren würde. Und jetzt warte er hier auf den Prozess.

»Die Frau habe ich per Annonce in einer österreichischen Zeitschrift kennengelernt. Sie hatte auch eine kleine, süsse Tochter. Die Situation hat mich angesprochen und wir haben also bald geheiratet, und ich habe das Mädchen adoptiert, und beide kamen nach Wien. Der Kleinen hat's gut gefallen im Kindergarten. Bald kaufte ich mir ein Stück Land in der Nähe von Cape Cost, auf einem Hügel mit wunderbarer Aussicht, und baute da mein eigenes Haus. Ich kann alles, müssen Sie wissen«, sagte er wieder auf seine selbstverständliche Art.

»Ich habe alles selbst gemacht. Selbst gemauert, selbst die Rohre und die Leitungen gezogen, selbst alles angestrichen, die Betten selbst gezimmert, einfach alles selbst gemacht. Ich habe mir mein Haus selbst gebaut. Wir Österreicher können das eben noch, wir tun das oft. Das Haus in Wien habe ich auch selbst gebaut und es dann verkauft. Ich mache immer alles selbst. Das kommt billiger. Wir sind eben nicht so reich wie ihr Schweizer«, lacht er »dafür können wir aber noch was.«

Ich protestierte nicht.

»Und die Afrikaner, denen darf man sein eigenes Haus nicht zum Bauen anvertrauen. Wie sagt man doch bei uns: Die haben keine Ahnung von nichts, so sagt man doch«, und er lachte.

Wie er später herausgefunden habe, sei die Frau schon einmal mit einem Deutschen verheiratet gewesen. Zwei Wochen nach der Hochzeit sei der aber tot aufgefunden worden. In Afrika. Vergiftet, wie die Obduktion ergeben habe. In Deutschland.

Als Beweis zeigte er mir auch gleich ein Foto: sie im weissen Brautkleid mit keuschem Gesichtsschleier, eine schöne Frau mit schräg nach oben verlaufenden, schmalen Augen, daneben ein Mann, eben dieser jetzt tote Deutsche.

»Ich lebe wenigstens noch, ich habe Glück gehabt, und das Haus werde ich auch zurückgewinnen, ich habe Freunde hier, mächtige, einflussreiche Leute, müssen Sie wissen. Ghana ist nämlich jetzt auch ein Rechtsstaat«, sagte er überzeugt.

Den Richter mussten sie schon auswechseln, weil der korrupt gewesen sei. Hier seien alle korrupt, nach zwei Jahren im Amt sei der ehrlichste Mann hier unten käuflich, deshalb würden die Richter im Turnussystem ausgewechselt und immer wieder in andere Provinzen geschickt, damit der Rechtsstaat aufrechterhalten bleiben könne.

Er war so überzeugt von dem, was er sagte, so überzeugt, dass er sein Haus, das nicht auf seinen Namen registriert war, hier unten in Afrika, zurückbekommen werde – ich musste es ihm einfach glauben. Und die Frau sei davongekommen, man habe ihr nichts nachweisen können!

»Aber die Sache war eindeutig, sie hat ihn vergiftet. Stellen Sie sich vor, die lebten zuerst sechs Jahre lang zusammen, und er hat nichts gemerkt, und zwei Wochen nach der Hochzeit, wo sie doch so schön brav und keusch den Blick nach unten richtet, zwei Wochen später ist er tot. Vergiftet. Alles von langer Hand vorbereitet. Jahrelang bis ins Detail geplant. Auch in meinem Fall. Alles geplant. Aber mich kriegt sie nicht. Ich habe jetzt die Scheidung eingereicht, und das Haus kriege ich auch zurück. Wenn nicht, so ist alles verloren, mein ganzes Leben, denn ich bin jetzt 62.«

Aber so kam er mir gar nicht vor, als ob alles für ihn aus und vorbei wäre, wenn er den Prozess verlöre. Eher schien das alles für ihn ein Abenteuer im Alter zu sein, fast besser noch, als wenn es geklappt hätte mit der Liebe und er jetzt ganz bieder mit ihr und der Tochter da oben auf dem Hügel hausen würde. So kam er mir vor. Irgendwie stolz darauf, dass er seine Naivität erhalten hatte, die es ihm auch noch im Alter erlaubte, auf die Tücken der Liebe reinzufallen.

Ich solle ihn wieder mal besuchen kommen, wenn ich vorbeikäme und sein Auto vor seinem Häuschen sähe.

Er war ein typischer Engländer, so jedenfalls war mein erster Eindruck von ihm. Kühl, etwas steif, selbstbewusst, konservativ und durch nichts aus der Fassung zu bringen. Mike ging so gegen die 50 und hatte eine 20jährige Frau aus Accra dabei. Er kam mit dem Auto nach Kokrobite, wo es eine schöne, kleine Bungalowsiedlung für Touristen gibt, die von einer Engländerin und einem viel jüngeren Rasta geführt wird.

Kleine, einfache aber saubere Bungalows, ohne jeden Komfort, ohne Strom, ohne eigene Toilette und ohne Dusche. Dafür gibt es ein Plumpsklo hinter dem Gebüsch und einen Ziehbrunnen, wo man das Wasser noch mit Kübeln aus der Tiefe herausholen muss, um sich dann hinter einer Blätterwand abzuduschen. Ein netter Ort mit viel Charme, vielen Bäumen und Schatten und einigen Hängematten. Ein Platz zum Rumhängen, zum Lesen, zum Nichtstun. Ein Platz am Meer eben. Ein langer Sandstrand gibt's und viele halbnackte Fischer, die alle an den Strand scheissen. Ein Ort, wo am Abend die einzige Attraktion das Essen ist und wo man schon um acht Uhr ins Bett geht, dafür morgens um fünf Uhr hellwach ist. So lebt man gesund und hat erst noch mehr vom Tag. Ein verplemperter Tag in der Stadt ist ein verlorener Tag, aber ein verplemperter Tag am Meer ist ein gewonnener Tag.

Der Platz gefiel mir von Anfang an recht gut. Obwohl er etwas Feministisches und Sektiererisches an sich hat, da Conny, die Besitzerin, Vegetarierin ist und alle Gäste es ihr gleichzutun hatten, und es deshalb zum Essen nie Fleisch gab. Dafür musste man zum Frühstück die Petroleumlampe der Hütte unbedingt zurück zum Haupthaus bringen, sonst bekomme man kein Frühstück, sagte Conny scherzhaft, meinte es aber trotzdem so. Die Lampe durfte man, wieder aufgefüllt, erst am Abend nach dem Essen zurück in die eigene Hütte nehmen, da sie während des Nachtessens, das meist schon in der frühen Dunkelheit stattfand, Licht für alle essenden Gäste spenden sollte.

Und so sass man dann also zusammen mit wildfremden Menschen an einem langen Holztisch, wie bei einem Waldfest zu Hause, und ass im Lichte der Petroleumlampen schweigend sein Mahl. Setzte man sich abseits an einen anderen Tisch, versuchte also etwas für sich zu sein, galt man schon als asozial, und nahm man die Lampe zu früh mit in die Hütte, galt man als unsolidarisch. Fast wie im Militär. Oder bei den Kommunisten. Gibt's die eigentlich noch, die Kommunisten, heutzutage?

Da waren zudem noch zwei Amerikanerinnen, Mutter und Tochter, wie ich später erfuhr. Die hatten zwei *Touristenführer* bei sich, zwei Rastas aus der Ashanti-Region, ein junger und ein schon etwas älterer. Einer für die Mutter und einer für das liebe Kind. Und so sah man ab und zu eines der beiden Paare für eine gewisse Zeit im Zelt verschwinden. Wohl um Routenpläne für Touristenwanderungen zu schmieden. Ich frage mich: Warum sind gerade diese Rastas mit ihren nicht eben appetitlichen Haaren bei den weissen Frauen so beliebt und erfolgreich? Ist es ihr Geplapper von »Menschen aller Länder vereinigt euch?« Oder sind die einfach für jede zu haben? Sextourismus? Oder vielleicht doch einfach nur *kultureller Austausch*, wie es die beiden Frauen nennen würden?

Mike also wohnt schon seit Jahren in Ghana. Er macht den Eindruck eines älteren Playboys, jedenfalls versucht er es. Er habe in Ghana ein Business aufgebaut, er verkaufe diese künstlichen Haare, nach denen die Afrikanerinnen so scharf sind und die sie sich in Form scheusslicher Zöpfchen in die Haare flechten lassen. Furchtbar, wenn man dann mit einer im Bett ist und ihre Haare streichelt, hat man das Gefühl mit einer Plastikpuppe zu schmusen. Um dieses Business kämpfe er jetzt, vertraute er mir an. Gegen seine Frau. Noch-Frau. Er habe dieses Geschäft unter dem Namen seiner Frau angefangen, um so vom rechtlichen Status her einfacher ins Geschäftsleben einsteigen zu können, und jetzt, wo die Ehe kaputt sei, wolle sie ihm auch noch das Geschäft wegnehmen, um es selber weiterzuführen.

»Aber die haben hier unten ja keine Ahnung, wie man effizient ein Geschäft führt. Wenn sie jetzt alleine weiterwirtschaftet, so ist das Geschäft in zwei, drei Jahren ruiniert. Das würde mir weh tun. Schon deshalb muss ich den Prozess gewinnen. Es ist mein Geschäft, ich habe es aufgebaut, und jetzt soll ich es mir ruinieren lassen?!«

Er habe zwei kleine Mädchen mit der Frau. Ein weiteres habe er noch in Asien, in Papua-Neuguinea. Da habe er während 15 Jahren für eine Goldmine gearbeitet, als Ingenieur, bevor es ihn dann nach Afrika verschlagen habe. Aber zurück nach Australien – er war also doch kein Engländer – wolle er auch nicht mehr. Nur schon deshalb nicht, weil er dort in seinem Alter und mit der Glatze nicht mehr an junge Mädchen herankommen könne, gestand er mir. Ein Grund, in Afrika zu bleiben. Sechs Kinder habe er schon gezeugt, die überall auf der Welt verstreut seien. Ein Junge, der schon über 20 sei, lebe an der Elfenbeinküste. Ein Tochter wohne in Asien und dann eben die zwei Kleinen mit seiner Noch-Frau hier in Ghana. Zudem habe er noch ein weiteres kleines Mädchen in Accra, ein Produkt eines Seitensprungs. Von Aids hat er, wie es scheint, keinen Respekt und von Kondomen wahrscheinlich noch nie etwas gehört. Verschmitzt lacht er und hält schon wieder Ausschau nach einem neuen Opfer, während die Frau, mit der er hier ein paar Tage verbringt, ihm den Nacken streichelt. Playboygewordene Identität. Britisch. Bond. James Bond. Er scheint daran festzuhalten, auch wenn um ihn herum seine Welt langsam abbröckelt und zerbricht.

KÜNSTLER UND KUNSTWERKE

Das *Riviera Beach Hotel* in Accra ist ein Hotel für Melancholiker. Es liegt im alten Teil von Accra, unten am Meer. Es hätte eigentlich ein Hotel mit einigen Sternen werden sollen. Ein Hotel mit Stil und einer feudalen Atmosphäre, mit grosszügiger Lobby, einer schicken Bar mit internationalen Drinks und grosser Terrasse mit Blick aufs Meer. Ein Hotel, wie's ein reicher Reisender oder ein Geschäftsmann gerne antrifft, mit allen Annehmlichkeiten, für die er auch gerne bereit zu zahlen ist, falls er zahlen kann. Doch wir wären nicht in Afrika, hätte das alles so schön und perfekt nach Plan geklappt. Das Hotel scheint schon vor der Fertigstellung zusammengebrochen zu sein, eingestürzt, verfallen. Und seit der Fertigstellung, wenn man den Zeitpunkt, wo mit Arbeiten aufgehört wurde, so nennen will, ist bestimmt nichts mehr repariert, nichts mehr erneuert und auch nichts mehr hinzugefügt worden. Vielleicht, dass mal irgend etwas - ein löchriger Kübel zum Beispiel oder ein alter stinkender Lappen, ein paar zerbrochene Bausteine, die übrig waren, oder ein paar alte Holzlatten - irgendwo stehengelassen wurden, als wär's ein Schaustück in einem Museum.

Eine holprige, löchrige und ungeteerte Strasse führt von der Hauptstrasse, an der verschiedene Ministerien angesiedelt sind, zum Hotel. Erblickt der neugierige Gast erst nur den gleichmässig gekiesten Autoparkplatz, eingefasst mit schattenspendenden Bäumen und grünen Hecken und die vielversprechende Fassade und dann die Réception, fühlt er sich schon halbwegs glücklich, und der Budgetreisende hat schon Angst, nach dem Preis zu fragen. Aber beide haben keinen Grund, sich auf ihre Ängste einzulassen, und werden bald eines Besseren belehrt. Der Preis ist mit 15 Tausend Cedi für ein Einzelzimmer nicht zu hoch angesetzt.

Man checkt also ein und lässt sich in sein Zimmer in den ersten Stock bringen und schaut aufs Meer hinaus. Eine schöne Aussicht. Wenn da nur nicht die riesige Müllhalde wäre, rechts im Bild, direkt am Meer, die leise vor sich hin qualmt. Je nach Wind bekommt man dann auch den beissenden Rauch ins Zimmer geweht. Die Zimmer sind geräumig und vernünftig angelegt, ausser dass die Steckdosen und die Lichtschalter nicht dort angebracht sind, wo man sie gerne hätte, aber daran gewöhnt man sich schnell in Ghana. Die Dusche und die Toilettenspülung funktionieren auch halbwegs, und sogar frische Frotteetücher gibt's, eine Seltenheit in Afrika. Alles ist einigermassen sauber, ein wenig zerschlissen zwar, was aber ganz charmant ist so. Hat man die Tasche ausgepackt, und das Toilettenzeug ins Badezimmer gestellt, und ein paar Kleidungsstücke ausgebreitet, so geht man nach der ersten Inbesitznahme des Zimmers hinunter und schaut sich das Hotel vom Strand her an.

Ein Desaster. Das totale Desaster breitet sich vor den Augen aus. Es ist, wie wenn man nach einem Erdbeben oder einem Bombenanschlag das Hotel schätzen wollte, wie das Versicherungsleute zu tun pflegen. Der oberste, der zweite Stock, ist nie richtig fertig gebaut worden, verharrt irgendwo im Stadium des Rohbaus und ist zu allem Überfluss irgendwann mal ausgebrannt. So sieht man vom Strand her schwarze Löcher statt Gardinen. Nur der erste Stock ist bewohnbar.

Das Prunkstück aber, zwischen dem Hotel und dem Strand, fein säuberlich von den Felsenklippen und den schönen Grünanlagen getrennt, ist ein Schwimmbad. Olympische Masse. Mit Springturm mit 2-, 5- und 10-Meter-Plattform. Ein richtiger, riesiger Swimmingpool. Eine kleine Tücke jedoch hat er, der Stolz des Hauses: kein Wasser. Wie ich gehört habe, hat er seit der Fertigstellung nie Wasser gesehen, mal abgesehen von den Regenschauern während der Regenzeit. Und er ist zerfallen. Von allem Anfang an zerfallen. Die kleinen, hellblauen Fliesen bröckeln ab, alles bröckelt und zerfällt. Gras wächst auf dem Grund, der eigentlich für Taucher und nicht für Gärtner gebaut wurde. Und wann genau der Springturm einfallen wird, ist nur noch eine Frage der Zeit. Wie der Schiefe Turm von Pisa steht er da, nur dass hier bestimmt niemand etwas zu seiner Rettung unternehmen wird.

Vielleicht aber sind sie trotzdem cleverer, die Afrikaner. Sie lassen dem Schicksal des Zerfalls seinen freien Lauf, während die Italiener zu Pisa das Unausweichliche aufzuhalten versuchen. Und jetzt trägt der Pool eben zu diesem melancholischen Ambiente bei, das ich nicht missen möchte und welches diesem Hotel den Charme gibt. Ein Charme, der so nur entstehen kann, wenn Symbole und Gebäude einer alten Kultur zerfallen sind. Es ist wie im *Forum Romanum*, wo man von der Grandiosität der Antike und ihrer kulturellen Superiorität träumen kann, ohne deren Konsequenzen und deren Preis zahlen zu müssen. So ist es auch hier, in diesem Hotel, wo ich mir die Hollywood-Welt der Bikinis, der Champagnercüplis und des Kaviars, der dezent geschwängerten Musikluft, des leisen und nervenden Getratsches der Diven und Ladies und der von Business und Intrigen verhärteten Mienen der Männer vorstellen kann, ohne daran teilnehmen zu müssen.

Aber das Meer ist echt, wird echter gar, durch diese immer noch lebende Ruine.

Er bot mir sofort, mit einer grosszügigen Handbewegung, einen Platz an seinem Tisch auf der Terrasse des *Riviera Beach Hotel* an. Was ich trinken möchte. Ich bestellte einen Brandy.

Er mache Geschäfte hier, sagte er, das mobile Telefon auf dem Tisch vor sich. Kaufen und verkaufen. Es sei einfach, in Afrika Geld zu machen, wenn man eine weisse Haut habe. Eine Bank gebe einem leicht Kredit.

Der Kellner brachte den Brandy, irgendeine edle Marke. Das *Beach Hotel* wahrte einen gewissen Stil.

Eigentlich sei er ein Militärberater. So sah er aber nicht aus. Lange, braunblonde Haare, hinten zusammengebunden. Weisse Kleidung, ein kleiner Bart. Alles sehr gepflegt, auch seine Aussprache, seine ganze Haltung, seine Erscheinung. Ein alternativer Businessman mit Stil. Aron sein Name. Handschlag. *Nice to meet you!*

Er habe jahrelang für Afrika gekämpft, hier im Westen, in Liberia. Einmal hätten sie diese verdammte Guerilla eingekesselt gehabt, die hätten sie nur noch alle abzuknallen brauchen, dann wäre Liberia heute seine Probleme los. Aber nein, irgend so eine Gruppe bei der UNO schwatzte etwas von Menschenrechten und Kriegsgreueln. Dafür hätten sie jetzt in Liberia immer noch Krieg! Wenn es nach ihm gegangen wäre, so hätten sie dort im Dschungel die ganzen gegnerischen Truppen einfach vernichtet.

Der zweite Brandy kam in einem frischen Schwenker.

Jetzt arbeite er vor allem für die südafrikanische Polizei. Spezialtruppe. Bodyguard für Persönlichkeiten. Auch Mandela habe er schon beschützt. »Das ist so ein guter Typ, mit solch einer Ausstrahlung, wenn da eine Kugel geflogen käme, ich würde keinen Augenblick zögern und würde mich dazwischen werfen. Für den Mann würde ich sterben, der hat so viel für unser Land getan«, sagte er pflichtbewusst. Und ganz stolz fuhr er fort: »Der ist auch nett zu uns. Immer wenn er mich sieht, klopft er mir auf die Schultern, nennt mich beim Namen und erkundigt sich nach Angela. Angela ist meine Freundin, eine Italienerin, mein Gott, hat die ein Temperament. Jetzt droht sie mir, die Beziehung aufzulösen, weil ich seit ein paar Wochen nicht mehr zu Hause war. Dabei ist es ja gar nicht meine Schuld. Anfangs hiess es, ich müsse schnell für zwei Wochen nach Ghana, geschäftlich, ich verkaufe hier für eine Firma Reis und noch andere Sachen und kaufe auch einiges ein. Import und Export eben. Und jetzt sitze ich schon seit zwei Monaten hier fest. Geschäft ist Geschäft. Hier geht es ums grosse Geld. Aber du kennst ja die Frauen, die Italienerinnen vor allem. Wenn du da nicht jeden Abend nach Hause kommst, machen sie dir gleich eine Szene. Und woher hat sie das Geld, woher kommt wohl das grosse, schöne Haus, in dem sie jetzt in Johannesburg wohnt? Von mir und von dem Geld, das ich verdiene! Aber das will sie nicht einsehen, will es einfach nicht verstehen, dieses verdammte Luder. Überhaupt, die Frauen sind doch alle gleich. Wir Männer können nicht mit ihnen und auch nicht ohne sie leben.«

Er redete und redete und wollte nicht mehr aufhören. Mittlerweile war auch er von Bier auf Spiritus umgestiegen, und so tranken wir Scotch mit Eis. Und er erzählte mir vom Dschungel in Zentralafrika, wo er gekämpft haben wollte, er erzählte mir von dubiosen Geschäften, in die er verwickelt gewesen sei. Er erzählte mir von der militanten Rechtsopposition, welche die südafrikanische Polizei in einer verdeckten Nacht- und Nebelaktion totgeschossen habe und wo er alleine mit einem Maschinengewehr von einem Panzer aus Dutzende exekutiert haben wollte. Überall auf der Welt wollte er schon gewesen sein. Von allem hatte er eine Ahnung, und wollte sogar über die feinsten Zusammenhänge in der Politik Bescheid wissen. Er sprach gut und hatte wirkliches Wissen von vielem, war auch nicht dumm. Wäre er 50 Jahre alt gewesen, hätte ich ihm geglaubt, so überzeugend war er. Aber eben, mit 27 Jahren kann man zwar viele Bücher über vieles gelesen haben und auch eine reiche Phantasie haben, aber man hat in diesem Alter einfach noch keine Zeit gehabt, einige Jahre hier, einige Jahre dort und dann noch einige Jahre eine gute Ausbildung an einer renommierten Schule genossen zu haben und erst noch einige Jahre mit dem Jeep durch die ganze Welt gereist zu sein. Trotzdem, er war ein netter Typ, war nicht knauserig, spendierte einige Drinks und war oft am Telefon. Irgendwelche Geschäfte wird er wohl schon getätigt haben.

Am gleichen Abend, wir waren schon ziemlich betrunken, gingen wir zusammen aus, ins *Aquarius*, ein Lokal in Accra, das aussieht wie eine Kneipe in Deutschland. Sogar die Bedienung war weiss. Abgetakelte und fettgewordene ehemalige russische Prostituierte, die vor ein paar Jahren ins Land gekommen sind und jetzt ganz gut in ihre neue Aufgabe passten und sich gut ins Bild zu setzen vermochten. Später ging's dann noch in diverse Clubs und Discos. Immer feuchter und fröhlicher. Er markierte den Helden, bezahlte alles und wollte mich die ganze Zeit vor irgendwelchen gefährlichen Typen beschützen, Typen von der lokalen Mafia und auch sonst vor bösen Buben, die anscheinend vor nichts zurückschreckten und die es ausgerechnet auf mich abgesehen hätten.

Dank ihm passierte mir an diesem Abend, wie auch sonst meistens, nichts Schlimmes. Aber noch viel mehr musste er Angst um sich selber haben: »Ich wechsle alle paar Tage das Hotel, man weiss ja nie. Schon oft wollte mich jemand abknallen.«

Semi, ein Ghanaer und Ex-Drogenhändler und Ex-Häftling in Deutschland, und Aron, der Bodyguard, und ich, wir standen zusammen im Schatten unter einem Baum des Riviera Beach Hotel und sahen auf das offene Meer hinaus und beobachteten den Strand. Eine ältere, weisse Frau in Begleitung zweier schwarzer Männer kam auf das Hotel zu und stieg dann die Treppen zum Hotel hinauf.

»Sie ist eine Deutsche«, behauptete Semi, »die vögeln gern mit Schwarzen, ich weiss das.«

»Nein, eine Amerikanerin, schau doch nur, schon wie die geht, typisch amerikanisch«, behauptete Aron.

Um dem Ganzen den Spielcharakter nicht zu nehmen, tippte ich auf Engländerin: »Wegen dem strengen Gesicht.« Als sie bei uns vorbei ging, fragte ich sie sogleich, woher sie denn komme.

Eine Amerikanerin. Eine Touristenführerin. Eine Ghana-Kennerin. Eine Aussteigerin, die sich hier ein Haus bauen will, die hier wohnen will. Wie so viele andere auch. Ihre Touristenschützlinge aus Amerika seien KünstlerInnen wie sie selbst auch, KünstlerInnen, die mit ihren Händen arbeiteten.

Und deshalb seien sie auch im Busch gewesen, um den Afrikanern bei ihren Handfertigkeiten zuzuschauen und um etwas davon lernen zu können, um ihnen die afrikanische Technik abzuschauen.

Am folgenden Abend sahen wir sie dann mit ihrer Gefolgschaft an einem Tisch auf der Terrasse, alles Frauen im alternativen Emanzenlook, mit kurzen Haaren, im mittleren, fettgewordenen Alter. Eine strickte gerade an einem Lappen, einem Stück Kunst. Die Touristenführerin sass wie eine Lehrerin vor ihnen, dozierte etwas und schaute auf ihr Bündel Papier und las da wohl irgendwelche Notizen ab und gab den Marschbefehl für den folgenden Tag durch. Die KünstlerInnen lauschten alle andächtig und steif, mit strengen, konzentrierten Mienen. Sie passten so gut in dieses afrikanische Ambiente, wie ein Nasenschneuzten in ein klassisches Konzert.

Später traf ich eine ihrer Schützlinge, eine hübsche, junge, blonde Amerikanerin, die für zwei Wochen mit der Gruppe im Busch auf Textilhandwerk-Tour gewesen war, in irgendeinem Dorf ohne Elektrizität und ohne trinkbares Wasser. Dafür aber gab es dort viel Fufu und anderen Breisorten. 900 Dollar hatten die TeilnehmerInnen pro Nase dafür bezahlt. Für zwei Wochen Busch mit Fufu! Fast das ganze Geld sei an den Chef des Dorfes gegangen, wollte sie erfahren haben. Wenn da also sechs Personen je 900 Dollar bezahlen, so kann sich der Chef davon ein schönes kleines Luxushäuschen bauen lassen. Entwicklungshilfe. Und die Reiseleiterin, die Oberideologin, hatte keine Ahnung von nichts. Sie scheint eine von denen zu sein, die sich gerne abzocken lassen, und dafür ein Gefühl von einfacher Ursprünglichkeit und orginalafrikanischem Leben einzutauschen bereit sind.

Einige Teilnehmerinnen der Gruppe jedoch wusste diese kulturelle Solidarität nicht so sehr zu schätzen, kam sich ausgenutzt, gar übers Ohr gehauen vor, einzelne Mitglieder der »Sekte« mucksten gar auf und wollten ihr Geld zurück. Aber ausgegebenes Geld, auch sinnlos und ungerechtfertigt ausgegebenes Geld bekommt man in Ghana und auch sonstwo auf der Welt nicht mehr zurück. Eintrittsgeld bezahlt jeder in Afrika. Eine Lektion dafür bekommt allerdings auch jeder.

Diese erfahrene amerikanische Afrika-Spezialistin und Reiseführerin kam dann auch heute morgen zu mir an den Frühstückstisch, setzte sich mit ihrem Papierkram hin und fragte mich, ob ich ein Restaurant wüsste – kein Fufu-Restaurant, Abwechslung müsse sein – wohin sie die Frauen heute abend zum Essen ausführen könnte. Ich schickte sie ins *Paloma*, ein Hamburger- und Pizza-Platz mit Coca-Cola und dezenter Musik. Ein Platz für frustrierte Weisse in Ghana. Sie wusste es zu schätzen, billigte jedoch die Einstellung, die einen in solche Etablissements führt, nicht.

JOINTS UND TABUS

Endlich wieder raus aus Accra. Nach über drei Stunden Warten auf den STC Bus nach Kumasi war es dann soweit. Neben mir auf dem freien Sitz nahm nur ein einziger Mann Platz, so dass ich meinen Sitz für mich allein hatte, wie es der Reiseführer von der *State Transport Corporation* auch verspricht. Die Gegend durch die wir gegen Norden fuhren, war hügelig, sehr grün und mit dichtem Regenwald überwuchert, mit dicken und hohen tropischen Bäumen. Eine willkommene Abwechslung zur immer gleichen, fast schon langweilig gewordenen Szenerie der Küste, mit den ewigen Kokospalmen und dem hellen Sandstrand und dem grünen Meer und dem blauen Himmel und den weissen Wolken. Die Küste im tropischen Gürtel ist überall gleich. Sei's in Südostasien, in Afrika, in Südamerika, in Indien oder in Nordaustralien: Kokospalmen. Kokospalmen. Kokospalmen.

Abends um sechs Uhr kamen wir in Kumasi an. Ich liess mich mit dem Taxi zum, bei Travellern wohlbekannten, *Presbyterian Guest House* führen. Warum mache ich wohl immer wieder den Fehler und gehe in diese einschlägigen Absteigen, wo Freaks, Rastas, Alternative und Weltverbesserer rumhängen, mit zerzausten Frisuren und schmutzigen Batik T-Shirts und den nicht dazu passenden Pluderhosen? Wie gehabt in Asien. Nur dass die hier noch Trommelunterricht nehmen. Es muss ein Sog von diesen Etablissements ausgehen, in dessen Strudel ich immer wieder gerate. Doch etwas Nützliches bleibt auch für mich immer wieder übrig, wenn ich in diesen Treffpunkten absteige: Durch das genaue Zuhören und Belauschen der Leute, bekomme ich nämlich geheime Informationen darüber, wohin ich nicht zu gehen brauche. Aber ich gehe dann trotzdem meistens hin.

Das *Guest House* hier aber ist wirklich sehr schön gelegen, wie oft bei Freak-Treffpunkten. Inmitten eines grossen Parks mit Bäumen. Ruhig und grün. Die Zimmer sind hoch, farblos und düster und gefallen mir nicht. Ausser zwei Betten ist nichts drin. Etwas für Depressionskandidaten. Das Haus ist einfach zu alt. Zwar ist das ganze Hotel im ersten Stock von einer Veranda umgeben, ähnlich den Bauernhäusern in Berner

Landen, was ihm wie ein schmückender Ring steht. Es gibt auch eine Sitzecke auf der Veranda mit einem einfachen Salontisch aus Holz und alten, stoffbezogenen, weichen, schweissgetränkten und furzdurchzogenen Sesseln. Ein ganz lauschiges und frisches und luftiges und schattiges Plätzchen eben, wo sich die Globetrotter treffen und sich gegenseitig mit Informationen und Desinformationen, Urteilen und Vorurteilen, Meinungen, ja gar mit Irrationalem wie Spiritismus, an den sie alle in irgendeiner Form glauben, vollstopfen.

Jetzt erst habe ich das Gefühl, in Afrika angekommen zu sein. Hier am See Bosumtwi, in der Nähe von Kumasi, habe ich das Gefühl, dass ich angekommen bin. Es ist wie zu Hause an einem kleinen See. Ungefähr so kommt mir die Stimmung hier vor. Nur anders. Und doch gleich. Bäume am Ufer, festgetrampelte Erde von den vielen Besuchern, etwas Sand dazwischen, ruhiges, stilles Wasser, der kleine runde See. Das andere Ufer ist nur durch den Nebel zu sehen, als ob es Herbst wäre. Der ganze See ist umgeben von sanften, grünen Hügeln. Und jetzt im Dunst, wo man die tropische Vegetation nicht genau ausmachen kann, könnte man sich tatsächlich irgendwo in der Schweiz befinden.

Heute Sonntag morgen habe ich mich von Kumasi aus aufgemacht, um hierher an den See zu kommen, der mir schon von einem Deutschen in Accra empfohlen worden ist. Gegen Mittag bin ich angekommen, mit einem Typen aus München im Schlepptau, den ich schon im *Presbyterian Guest House* in Kumasi in der Plauderecke, alleine mit ein paar leeren Bierflaschen vor sich, gesehen hatte, und der jetzt im gleichen Trotro gesessen hatte. Ein Bayer wie aus einem bayerischen

Volkstheater, dick und schwabbelig und weiss, mit blutunterlaufenen Bernhardineraugen, immer Bier trinkend. Eine weisse Frau sass auch noch mit uns im gleichen Auto, auch aus Bayern, Mitte 20, strenge geflochtene Haarzöpfe, auch sonst streng, ein etwas verkniffener Mund, spitzig und trocken, so der Lehrerinnentyp, sehr wahrscheinlich lesbisch, mit einer hübschen, blutjungen Ghanaerin als Reiseführerin oder was. Argwöhnisch und gebieterisch kommandierte sie die 17jährige zu sich, als wir Anstalten machten, sie in ein Gespräch zu verwickeln. So gingen der Bayer und ich halt auf die Terrasse des Restaurants am See. Dort war niemand bis auf zwei deutsche Freaks, einen Joint paffend und *Patience* spielend.

Es wurde langsam Nachmittag, und die Terrasse füllte sich zusehends mit Sonntagsausflüglern aus Kumasi, die da in ihren frisch gewaschenen Autos und in ihrer putzigen sonntäglichen Tracht daherkamen, mit kleinen, niedlichen Kindern, rudelweise, artig gekleidet, so dass die keine Chance hatten, je im See baden zu gehen. Ganze Familienclans erschienen jetzt plötzlich, alle vollbepackt mit Boxen voller Essen, das die Mutter und Hausfrau zu Hause vorbereitet hatte. Sie setzten sich, ohne zu fragen und zum Ärger des Besitzers, auf die Hotelterrasse, packten ihr Zeug aus und fingen, vielleicht noch ein Bier bestellend, falls sie das nicht auch noch von zu Hause mitgenommen hatten, zu schlemmen und zu palavern an. Dem Hoteleigentümer blieb gar keine andere Wahl, als dieses Treiben einfach hinzunehmen, waren die Sonntagsfrischler doch allesamt der arroganten Oberschicht zugehörig, die sich ohne Rücksicht immer und überall jegliches Recht herausnimmt. Ich plauderte ein bisschen mit ihnen, mal hier mal dort, nickte freundlich dabei und machte ein paar Spässe mit den Kindern und ging dann zum See.

Und während des ganzen Tages dröhnte aus einem Kassettenrecorder die immer gleiche Musik, sentimentale Hits aus den 80er Jahren, vielleicht auch mal ein heisser Renner aus den 90ern. Wenn nicht so viele Leute dagewesen wären, bei denen diese immer langweiliger werdende Musik aus minderwertigen Lautsprechern wohl zum sonntäglichen Ritual gehörte, wäre ich energisch eingeschritten und hätte die Kassette beschlagnahmt.

Heute Sonntag ist es tabu, den See als Schwimmbecken zu benutzen. Wie gut doch für die Afrikaner aus Kumasi, die sowieso nicht schwimmen können und sich so keine Blösse vor den Touristen zu geben haben. Den Touristen übrigens waren diese Tabus scheissegal. Schliesslich sind die ja allesamt aufgeklärte Europäer, auch als Freaks, die über solchen sonntäglichen Quatsch nur lächeln können. Am Montag dann, wenn die werktätige Bevölkerung ihren Alltagsbeschäftigungen nachgeht, ist das Tabu wieder aufgehoben, und auch die alternativen Europäer können dann wieder in aller Ruhe schwimmen gehen, können den Seedämonen frönen, ohne vor den zuschauenden Einheimischen ihre narzisstische Show abziehen zu müssen.

Und jetzt, abends, gehe ich nach ein paar Zügen eines Joints, den ich bei den Deutschen mitgeraucht habe, nochmals kurz vors Tor in die andere Welt hinüber, in die Welt der Fischer und Farmer, in die Welt der einfachen Leute, und habe das Gefühl, erst jetzt im richtigen Afrika angekommen zu sein. Ein kleines Mädchen heisst mich willkommen. Sie sieht mich vor dem Tor des Hotels stehen, sie sieht mich im Schatten eines Baumes stehen. Es ist Vollmond. Sie kommt keck heran, umkreist mich, bleibt stehen, schaut mich an, ich gebe einen freundlichen Ton von mir, sie gewinnt Vertrauen, kommt noch näher, wird übermütig, geht an mir vorbei, ohne aber zu vergessen, mir das Gesicht freundlich zugewandt zu halten, geht bis zum noch geöffneten Tor, das ich vor einer Stunde einem hupenden Taxi geöffnet habe und in erstaunte schwarze Gesichter gesagt habe, ich sei hier der neue Portier, das Mädchen geht also an mir vorbei, bis zur Linie, die das Tor von dem Hotelareal trennt, schaut kurz in die für sie fremde Welt hinein, wendet sich abrupt ab, um schnurstracks an mir vorbeizugehen, das gleiche Ritual wie beim Kennenlernen wiederholend, nur schneller jetzt, um ja schnell genug wieder auf die andere, die ihre und somit die sichere Seite zu gelangen.

Jetzt habe ich das Gefühl, ich sei aufgenommen von dieser ländlichen Dorfgemeinde, aufgenommen in ihre Mitte. Als Mensch und Bürger. Zwei grosse, schwarze Vögel fliegen plötzlich bei Vollmond lautlos über die Bäume. Ein gutes Omen. Ein harmonisches Gefühl und Naturverbundenheit kommen bei mir auf. Was Canabis nicht alles vermag.

Ein neuer Tag. Ein kleiner Spaziergang dem See entlang. Rund um den See gibt es ungefähr 20 kleine Dörfer, doch ich habe nur die ersten beiden besucht. Alle zu besuchen, also einen Seerundgang zu Fuss zu machen, wäre mir zu mühsam in dieser Hitze, so ungefähr 35 km sind es schon, und die Landschaft ist ja auch nicht so spektakulär, beziehungsweise sie ist hier in diesem Ort genauso grossartig wie auf der andern Seite des Sees auch. Ein 20jähriger Franzose hat es dann aber ein paar Tage später in zwei Wandertagen stellvertretend für uns alle geschafft. Es sei super gewesen, meinte er. *Vraiment super!*

Die Leute in den zwei Dörfern haben mich nett aufgenommen, waren immer zu einem Witzchen bereit, das ich zwar nicht verstehen konnte. Ich lachte aber trotzdem mit.

So vorzüglich der Platz hier mit dem Hotel und der Terrasse, dem See und der grünen Pracht eigentlich wäre, so sehr bin ich unzufrieden und enttäuscht. Das Essen ist nicht gut, es gibt nur diese typisch afrikanische, phantasielose Küche, wo's im Prinzip nur irgendeinen Brei oder Reis mit kleinen, zu früh gefischten Fischen voller Gräten gibt. Die Fische werden so lange frittiert, bis das ganze, ohnehin spärliche, Fleisch sich mit dem Öl zusammen in pure Energie aufgelöst hat und in der Atmosphäre verpufft ist, noch bevor es mir die notwendige Kraft hätte spenden können. Und dazu gibt es eine überscharfe Tomatensauce. Das Ganze aber zu gepfefferten Preisen, die den Preisen eines Nobelhotels in Accra hätten Konkurrenz machen können. Und dazu spielen sie immer wieder diese seichte Musik oder diesen monotonen afrikanischen *High Life* aus einer alten Ghettobustermaschine, die in voller Lautstärke vor sich hinscheppert, dass einen die Ohren schmerzen und die ohnehin angespannten Nerven zu klirren beginnen. Schade. Dabei wäre der Platz hier ausgesprochen ideal zum Lesen, zum Sich-inspirieren-Lassen und zum Schreiben.

Aber eben, hier ist Afrika und die Leute haben von nichts keine Ahnung. Wenn man in Afrika auf seine Kosten kommen will, so muss man es selber tun. So gesehen, gäbe es hier ein grosses Potential an Möglichkeiten, hier ist alles noch ungemacht, alles liegt brach, man braucht es bloss zu tun. Hier kann man nicht einfach hinkommen und absahnen oder sich in ein gemachtes Nest setzten. Hier ist alles noch rudimentär. Ein Land für Pioniere. Dass es so was noch gibt am Ende des 20. Jahrhunderts. Einfach toll!

TROMMELN FÜR DEN FRIEDEN

»Man muss hier nur mit den Leuten sprechen, dann verstehen sie einen schon.« So ganz vernünftig schweizerisch lehrmeisterte mich der Pädagoge um die vierzig, der mit seiner alternativen 50jährigen unterwegs war. Ich hingegen motzte, lachte und machte Komplimente, gerade so, wie es mir gefiel. Er hingegen fand mich moralisch verwerflich, da er ja für eine bessere Welt kämpfe, ich aber nur für besseren Kaffee. Und gerade da unterscheiden sich unsere Welten. Er hat ein ideales Weltbild und ich das Bild einer leeren Kaffeetasse vor mir. Er ist für die Menschenrechte und ich für das Recht auf einen angemessenen Service. Er findet es schrecklich, dass 98 Prozent des Vermögens in zwei Prozent Leuten Hände sind, und ich finde es furchtbar, wenn ich zwei Stunden auf eine Tasse heissen Wassers warten muss, das nicht mal richtig abgekocht worden ist. Das ungefähr ist der Unterschied zwischen diesem schweizerischen Pädagogen mit reinem Gewissen und einer ausgewogenen Gesprächskultur und mir.

Er nimmt Trommelunterricht, und seine Freundin nimmt Tanzunterricht. Sie meint einen beweglichen Geist zu haben, und er scheint in seinem pädagogischen Wertesystem festgefahren zu sein, wie ich aufgrund der Fachliteratur, die er gerade las, schliessen durfte. Für sie hat der Afrikaner ein ausgeprägtes Körperbewusstsein, und für mich hat er eben ausgeprägt kein Körperbewusstsein, sondern ist noch eins mit seinem angeborenen Genprogramm. Er ist, wie er ist. Körperbewusstsein haben diese übertrieben vergeistigten Esoteriker, die in Tanzschulen gehen und dort in irgendwelchen Bewegungsabläufen Unterricht nehmen, wo sie dann ganz bewusst die Hüfte zu rollen oder mit dem breiten und flachen Po zu wakkeln versuchen. Bewusstsein hat man erst, wenn man es nötig hat. Sonst ist man einfach, wie man ist.

Die beiden waren halt ein durchschnittliches, schweizerisches, esoterisiertes Pärchen, vom linken gut verdienenden Lager, das an Worte und an die demokratische Diskussionsform glaubt, wo der mit den schöneren Argumenten auch der bessere Mensch bleibt, und die ganz offensichtlich die andern Stimmen, auf welche die Welt wirklich hört, geflissentlich überhören, als wären sie auf einem Ohr taub.

Wir sind immer noch in diesem Hotel am See. Ich bin gestern total ausgeflippt, weil nach wiederholtem Reklamieren immer noch kein Wasser in den Kübeln war, um die Toilette zu spülen, weil das Glas für die Cola nicht abgewaschen war und nach Bier roch und weil das Essen, das ich bestellte, während zwei Stunden nicht kam und als es dann endlich kam, war's nicht, was ich bestellt hatte.

»Was ihr hier braucht, ist ein effizientes Management. Ihr habt ja keine Ahnung von nichts. Wenn ihr hier mit Weissen Geschäfte machen wollt, so müsst ihr uns auch was dafür geben, nur das Geld abzocken, das alleine genügt nicht«, ereiferte ich mich.

Nana, der Geschäftsführer, aber meinte, er brauche Kapital, er müsse das Hotel total renovieren, brauche eine neue Küche, und auch sonst fehle es an allen Ecken und Enden. Ob ich nicht einsteigen wolle mit 5000 US Dollar Investition.

»Ja, aber nur, wenn der Platz nachher mir gehört.«

Das fand er dann wiederum nicht so toll.

»Hör mal«, sagte ich ihm eindringlich, »was du hier und jetzt brauchst ist nicht Geld, sondern einen funktionierenden Service. Mach den Leuten das Essen, das sie wollen, und nicht dieses afrikanische Breizeug. Und schau, dass du eine Köchin hast, die kochen kann und auch ein bisschen Tempo im Arsch hat. Wenn die Leute Tee und Eier zum Frühstück bestellen, so schau, dass du genügend Tee, Kaffee und Eier bereit hast. Wenn du aber bei jeder neuen Frühstücksbestellung zuerst abwartest, bis ein kleiner Junge zufälligerweise vorbeikommt, dem du dann Geld gibst, damit er einen Teebeutel und zwei Eier im Dorf holen geht, und der erst 45 Minuten später zurückkommt, da er noch schnell einen Freund besuchen ging, um ihm stolz zu erzählen, dass er für Weisse unterwegs sei, so ist das zwar für Europäer lustig, wenn sie es in einem Buch lesen, sind sie aber selber davon betroffen, so finden sie es spätestens ab dem zweiten Tag nicht mehr spassig. Was du brauchst, ist bloss eine Thermosflasche, die du jeden Morgen mit heissem Wasser auffüllst, sie mit Tee und Kaffee, Zucker und Milch zusammen auf ein Tischchen stellst, so dass sich jeder Tourist erst mal selbst sein Frühstücksgetränk brauen kann. Denn in dieser Hinsicht ist mit den Weissen nicht zu spassen. Bekommen sie nach dem Aufstehen nicht gleich ihren Tee oder Kaffee, so sind sie ärgerlich, den ganzen Tag über. Abgesehen davon, dass du dieser Art von Touristen, die hierher kommen, zutrauen kannst, sich am Morgen selber zu bedienen. Denn nach Ghana kommt zurzeit nicht die europäische Luxusklasse, sondern es kommen die sogenannten Abenteurer, Aussteiger und Globetrotter, und denen ist es egal, wenn sie ihr Klo selber spülen müssen, aber es ist ihnen nicht egal, wenn ihnen kein Wasser gebracht wird, denn Wasser brauchen sie dazu, zum Spülen und zum Duschen, oder habt ihr etwa schon Trockentoiletten und Trockenduschen? Und zwar immer wieder wollen die Wasser, nicht nur am ersten Tag. Sag ihnen, sie sollen die leeren Kübel vor die Zimmer stellen, und lass sie dann von deinen Angestellten auffüllen, unaufgefordert immer wieder auffüllen. Dann sind die Freaks zufrieden. Mehr wollen die gar nicht. Im Gegenteil, denen gefällt Afrika und die lasche Lebensweise. Aber nicht Afrika pur, sondern Afrika light. Du brauchst also kein Kapital, sondern einfach einen funktionierenden Service, und dann kannst du vom *Cash-flow* leben.«

Ganz entgeistert schaute er mich an, nannte mich von nun an nur noch den *Swiss-Manager*, was ihm auch bald alle inklusive der Touristen gleichtaten, und das esoterische Gute-Gewissen-Schweizerpaar schämte sich.

Da kommen sie doch, diese neuen und selbsternannten, alternativen Schweizer Missionare, mit guten Vorsätzen zu diesen armen Negerlein, die nur deshalb so arm seien, weil sie von uns Weissen ausgebeutet würden. Da kommen die mit ihrem reinen Gewissen und ihren fixfertigen Instant-Weltverbesserungstheorien und führen sanfte Gespräche mit Einheimischen, ohne auch nur im geringsten zu merken, dass ihre Gesprächspartner nur deshalb so brav bei ihrer demokratischen Gesprächskultur mitmachen, weil sie auf die Coca-Cola scharf sind, welche von den Gesprächsführern grosszügigerweise spendiert wird.

Die kommen sogar von Radio DRS 3 runter und wollen, mit einem Mikrofon bewaffnet, von den afrikanischen Frauen hören, dass, seit Aids im Lande ist, sie die Männer zurückweisen, wenn diese nicht automatisch ein Kondom über ihren Pimmel streifen. Und sie bekommen es selbstverständlich zu hören, da die Afrikaner und die Afrikanerinnen genau merken, was die Weissen gerne hören wollen. Und da die Weissen bei solchen Gelegenheiten auch immer was rausspringen lassen, will doch niemand Spielverderber sein. Und so kommen alle auf ihre Kosten: Die Schwarzen bekommen was zum Futtern oder gar ein kleines Geschenk, ein T-Shirt oder ein Badetuch mit DRS 3 Aufdruck, ohne vorher anrufen zu müssen und ohne ihr enzyklopädisches Wissen über irgendwelchen Scheiss vor Tausenden von Zuhörern auf der Kindergartenebene prüfen lassen zu müssen. Und die Weissen bekommen ihre Sendung und den Beweis, dass bewusste Aufklärungsarbeit jetzt auch im tiefen und gar nicht so rückständigen Afrika seine Früchte trägt und dass wir auf dem richtigen Weg sind: Aufklärung! Auseinandersetzung! Bewusstsein! Sprechen wir darüber! Und die braven und biederen Schweizer merken in ihrem schön ausgewogenen *anderen* Gravitationsfeld gar nicht, dass da noch andere Schwerpunkte vorhanden sind, als nur die um sich selbst kreisenden alternativen Planeten, dass da noch andere Gravitationsfelder vibrieren, die viel zentraleren und viel stärkeren Spannungen unterworfen sind, die sie in ihrer abgekapselten Welt nicht einmal zu ahnen vermögen.

Aber so weit können diese spiessbürgerlichen Alternativen gar nicht denken. Afrikaner hat man aufzuklären, vernünftig und mit Worten. Afrikaner will frau fördern. Weg vom Analphabetismus, hin zu wortgewaltigen und vollwertigen DiskussionsteilnehmerInnen, damit die Gebildeten unter sich die neue Weltordnungsverschwörung vorantreiben können, privilegiert, in den Hallen der Universitäten, den Hinterzimmern des Staates und in den Büros der humanitären Organisationen. Der weitverbreitete Irrglaube, das Dogma unserer Zeit nämlich, dem sogar wirklich intelligente Leute verfallen sind, ist, dass nur durch Bildung und Alphabetisierungsprogramme die Probleme der Menschheit zu lösen seien. Könnte aber nicht auch an der umgekehrten Variante etwas dran sein? Nämlich, dass gerade der Nicht-Schulgebildete, der von sich aus Gewachsene, dass gerade der unabhängige Mensch die besseren Voraussetzungen mit sich bringt, bringen könnte zumindest, etwas wirklich Neues und von der gängigen Schulmeinung Unabhängiges zu schaffen, nein, nicht zu schaffen, sondern zu sein. Sind denn nicht gerade die nicht durch Bildung und Schule gehirngewaschenen Menschen, die so sind, wie sie sind, seit Generationen so sind, wie sie sind, dem sogenannt gesunden Menschenverstand auf natürliche und einfache Weise viel näher als die sogenannt Gebildeten und Alphabetisierten in ihrem enzyklopädischen Wahn?

Die Frage stellt sich. Was ist eigentlich schlimmer: Wenn ich ab und zu mal einen Witz über die Afrikaner reisse, mal abschätzig über sie denke, und es ihnen auch mal zeige, und dann auch wieder positive Äusserungen oder Witze mache, und mich mit ihnen wieder vertrage, oder wenn ich sie rational analysiere, sie in Stämme und Gruppen aufteile, ihre Rituale in einer psychologischen Sprache beschreibe und interpretiere, als kämen sie von einem andern Planeten?

Man könnte doch auch die Schweizer in einem Touristenbuch über die Europäer beschreiben, als ein Volk, das durch seine ungeschriebene Sprache, eine Art Deutsch, auffällt. Und weiter: Die Schweizer sind ursprünglich ein Volk von Bauern, welche sich in den letzten Jahrhunderten zu entwickeln begannen. Doch noch heute werden die traditionellen Rituale alljährlich zelebriert und in vielen Touristenzentren aufgeführt. Bei besonderen Anlässen versammeln sie sich auf grossen Wiesen oder auf dem Dorfplatz oder in speziellen Häusern, wo Wein, Bier und Schnaps ausgeschenkt wird, den sie in grossen Mengen zu sich nehmen. Wenn der Alkohol zu wirken beginnt, zelebrieren sie in einer Art Unbewusstheit unter Johlen und Jauchzen die Anbetung ihrer alten Geister, indem jeweils ein Mann und eine Frau sich mit den Händen und Armen gegenseitig halten, teilweise sogar umarmen und sich im Takt zu einer traditionellen Musik im Kreis drehen, was ein wichtiger Aspekt ihres Paarungsrituals ausmacht, oder sie sitzen alle in einer Reihe auf langen Holzbänken und haken ihren Nachbarn links und rechts mit den Armen unter und singen und schaukeln im Takt. Dieses alljährliche Ritual trägt viel zur Charakterbildung und zur Identität der Schweizer bei.

Diese Art analytischer Sprache, dieser Jargon, dem wir in den meisten Gebieten, den Wissenschaften überhaupt, immer noch aufliegen, das ist doch im Grunde alles *Bala Bala* oder etwa nicht?

Meggi schaukelt in der Hängematte im Garten des Hotels vor sich hin, während sein Kollege Günter gerade am Heck des Geländewagens, einem Mercedes, herumhantiert und gleichzeitig einen Kaffee braut. Im Zeitlupentempo. Beide haben sie sich schon an die afrikanischen Tempi gewöhnt, haben sich gewissermassen selber afrikanisiert. Langsam, langsam, langsam, denn es gibt ja sonst nichts zu tun, also macht man das Wenige, das es zu tun gibt, so langsam, dass die Zeit damit vergeht. Langsamkeit als Weltbild, als Philosophie. Dazu Filterkaffee und nicht dieses Instant Zeug von Nestlé. Kaffee, wie ihn die Deutschen gerne mögen. Meggi ist Landschaftsgärtner in Deutschland und hat im Winter nichts zu tun. Also Zeit genug, um nach Afrika zu fahren. Günter fährt schon zum zweiten Mal runter. Letztes Jahr in einem alten Polizeikastenwagen aus den 60er Jahren, in dem bestimmt während der 68er Unruhen demonstrierende Studenten abgeführt worden sind. Jetzt ist das verrostete Wrack mit zwei langhaarigen Freaks in Afrika unterwegs und hat hier über ein Jahr herumgestanden und weitergerostet, während sein Besitzer nach Deutschland zurückgefahren war, und aufs neue eine Reise unternommen hat, diesmal mit einem alten Geländewagen, viel kleiner und wendiger als das Polizistenmonstrum. Sie sind durch Mauretanien, durch die Wüste gefahren, zusammen mit noch drei anderen Wagen. Leider hätten sie sich aber schon am Anfang gegenseitig aus den Augen verloren, und so sei die Fahrt durch die Wüste ziemlich abenteuerlich geworden. Sie hätten sich auch verfahren. Zum Glück sei es ungefährlich ausgegangen und auch die Einheimischen seien alle sehr freundlich gewesen.

Und jetzt kampieren sie hier auf der Wiese des heruntergekommenen Hotels am See und rauchen den ganzen Tag ihre Joints und trinken literweise Bier, wie sich das für echte Bayern gehört. Beide sind so um die 30, haben lange Haare und Tätowierungen. Sie gehören aber nicht zur harten Sorte, sondern sind eher Softies, die sich mit dem Leben, wie es sich ihnen hier bietet, gut arrangieren.

Aber vielleicht leben sie auch nur die typisch europäische Art der Kompensation: man gibt sich im Urlaub betont lässig und locker, schickt sich ein in die Ineffizienz und die Eintönigkeit des südländischen Alltags, stellt sich auf die Qualität des Ortsgeistes ein und lässt sich mit ihm davontreiben.

Damit keine Zweifel aufkommen, wird das Ganze zugedeckt und gepolstert mit Drogen und Musik. Haufenweise haben sie von beidem dabei. Und wirklich tolle Musik. Eine gute Anlage, von der Autobatterie gespiesen, läuft den ganzen Tag und spuckt Töne aus, die sich in Afrika hören lassen dürfen. Selten gehörte alte deutsche Volksmusik, quietschigen Metall, spaceigen Techno, einlullende Klassik, alles, was ein Gemüt in den verschiedenen Facetten des Tages so begehrt. Und trotzdem, die betonte Lässigkeit kann mich nicht um den Eindruck bringen, dass die beiden dem wirklich afrikanischen Leben gegenüber Ignoranten sind, dass sie sich nur dem Schein nach integrieren, sich in Wirklichkeit aber abschotten, sich mit ihren Autos eine Hecke um sich herum bauen, damit sie in ihrem Garten und Häuschen ihren Gewohnheiten nachgehen können, ohne Gefahr zu laufen, vom afrikanischen Alltag und dessen Konsequenzen infiziert zu werden. Aber im Zeitalter des ultraindividuellen Darwinismus haben sie das Recht dazu.

Ein kleines Erfolgserlebnis ist mir sicher. Heute morgen, als ich um acht Uhr aufgestanden bin und meine leeren Wasserkübel vor die Zimmertür gestellt habe, da ist auch schon der Chef des Hotels, Nana höchstpersönlich, vorbeigekommen, um die leeren Kübel bald wieder gefüllt zurückzubringen.

Während des Zähneputzens klopfte es dann an meine Zimmertür, ich glaubte schon, es wäre einer der Jungen, der um einen kleinen Botendienst und um ein Stück Brot betteln käme. Doch nein, es war die Köchin in persona: Das Frühstück sei fertig.

Ich ging auf die Terrasse, und siehe da, sie kam mit einer grossen Thermosflasche voll heissen Wassers anmarschiert, so dass jeder seinen Tee oder seinen Kaffee machen konnte. Alles, was ich gestern in meinem Anflug von Ärger angeregt hatte, wurde heute in die Tat umgesetzt. Und fast alle waren glücklich. Am meisten Nana und die Köchin. Etwas weniger die Gäste. Denn in ihrem Übermut, es den Gästen besonders angenehm zu machen, gingen die beiden einfach von Tür zu Tür und klopften die noch schlafenden Gäste aus den Betten. »Frühstück ist fertig.« Bis die Langschläfer dann auf der Terrasse eintrafen, einige noch verkatert, andere etwas morgenmürrisch, war die Omelette schon wieder kalt geworden. Am andern Tag jedoch war alles wieder beim alten.

Jetzt steht sie vor mir, die schöne und ernste Salomé aus dem Dorf. Mein Misstrauen gegenüber ihr ist gross. Es ist das Misstrauen, das der weisse Mann gegenüber der schwarzen Frau schlechthin haben kann. Sie steht einfach da und will Geld. Und sie will, wie sie sagt, nicht einfach ein bisschen Geld, sondern sie will mein Geld. Sie will auch meine Biskuits, die ich eben gekauft habe, und nicht etwa nur zwei oder drei Stück, nein, sie will das ganze Paket. Ich brauche die Schachtel gar nicht erst zu öffnen, sie wolle das ganze, sagt sie. Alles oder nichts. So geht sie vor, so funktioniert ihre Logik. Sie will mich, sie will mein Geld, mein alles. Und zwar will sie mich und das Geld schnell. Jetzt und alles. Eine dringliche afrikanische Heirat, so stellt sie sich das vor. Doch sofort schiesst meine, die europäische, Logik in mein Gehirn, nämlich die, dass sie gar nicht *mich* will, mich gar nicht wirklich meinen kann, da sie ja nur auf Geld aus ist, verständlicherweise, da es ihr ja gerade an dem mangelt. Geld ist das, was sie noch braucht zum Leben. Genau wie ich umgekehrt vielleicht ihre Liebe bräuchte, ihre urige Menschlichkeit, ihre direkte Ernsthaftigkeit und ihre unkomplizierte Verbundenheit. Alles Charakterzüge, die ich den Menschen hier unterschwellig unterschiebe, es fast schon automatisch voraussetze, es ihnen als ein afrikanisches Attribut anhänge, so wie sie bei mir einfach den unermesslichen Reichtum voraussetzen. Stimmen tun wohl beide Standpunkte bis zu einem gewissen Punkt und stimmen dann plötzlich im alltäglichen Leben überhaupt nicht mehr. In Wirklichkeit ist sowohl mein Geld ein begrenztes Gut, das verdient sein will, wie auch ihre natürliche Menschlichkeit ihre Grenzen hat. Es könnte aber sein, dass sich diese beiden Vorurteile, diese beiden Projektionen gegenseitig bedingen, dass gerade die Kombination von Geld und Liebe die Realität des Lebens ausmacht und wir es einfach nicht wahrhaben wollen, weil es nicht unserer Moral entspricht, einer Moral wo Liebe im Zusammenhang mit Geld etwas schmutziges an sich hat. So tun sich schnell Gräben auf, beinahe unüberbrückbare Gräben. Sie will mich nur lieben, wenn sie zuerst Geld oder Werte bekommen hat und ich will ihr nur Geld geben, wenn ich zuerst ihre unbedingte Liebe mir gegenüber spüre und merke, dass sie mich als Individuum erkannt hat. Das ist es doch, was wir Weissen immer wieder wollen, wir wollen als etwas Besonderes erkannt werden und nicht als blosser auswechselbarer Kandidat gelten.

Ich argwöhne also sofort, ich könnte in den Graben fallen, der da heisst: finanziell ausgenutzt werden, emotional angelogen und hintergangen werden. Und sie befürchtet sexuell ausgenutzt zu werden, ohne am Schluss die materielle Sicherheit im Leben durch einen Mann bekommen zu haben, und dabei ihre Würde verloren zu haben. Dies scheint ein immer wiederkehrendes Schema im Liebesleben zwischen arm und reich, weiss und schwarz zu sein, ein vorprogrammiertes immer wiederkehrendes Scheitern der Liebe zwischen den Kulturen und nicht nur zwischen den Kulturen.

Aber vielleicht ist dort, wenn man den Mut zu springen hat, gar kein Graben, sondern ein Netz. Vielleicht aber auch nicht.

Die Sachen sind zwar schon fast gepackt, die Zähne geputzt, und ich bin bereit zum Aufbrechen. Doch noch immer zögere ich. Durch das Fenster vor mir sehe ich den See ruhig liegen, das hintere Fenster geht auf das Dorf hinaus, von dort höre ich Ziegen meckern, Hähne krähen und Kinderstimmen plappern. Die Touristen sind weg, gestern sind alle abgereist, die beiden deutschen Freaks mit ihren zwei Geländewagen, das amerikanische Paar mit dem Landrover und die haben auch noch das redselige deutsch-holländische Paar mitgenommen. Jetzt wäre ich eigentlich alleine und ungestört. Jetzt hätte ich meinen Frieden. Doch wie lange noch? Wann kommen die ersten Kinder, mich zu stören, wann die Hotelangestellten mit banalen Fragen? Wann wird mein Schreibfluss von neuen Touristen unterbrochen?

Weggehen, flüchten. Wie oft auf Reisen bin ich von einem Platz, an dem es mir gefallen hatte, weggegangen? Von Plätzen, wo sich etwas Neues hätte entwickeln können, wo ich ein sesshaftes Leben hätte beginnen können. Ist es Torheit oder das instinktive Wissen, dass es besser ist, zu früh als zu spät wegzugehen? Ist es Instinkt oder Schicksal, was einen immer weiter treibt? Oder ist es Zwang, gar die Angst vor dem Ankommen, die Angst vor dem eintönigen Alltag? Oder ist es das Wissen um die Vergänglichkeit allen Seins, das einen daran hindert, überhaupt irgendwo zu bleiben? Oder ist es einfach nur die Lust auf immer Neues?

Dann bin ich doch noch weggegangen. Ich habe um ein Uhr am Nachmittag meine Tasche geschultert und habe mich davongemacht. Niemand vom Hotel hat mich weggehen gesehen. Nana, der Geschäftsführer und die Köchin sind beide nach Kumasi gefahren und der Alki-Kellner hat auf einer Bambusbank seinen Rausch ausgeschlafen und der Bruder von Nana hat sich in sein Zimmer verkrochen. Ich musste aber im Ort über eine Stunde auf ein Taxi warten, und dann ist der Kellner doch noch angetorkelt gekommen, war sogar beleidigt, dass ich ihm nicht Auf Wiedersehen gesagt hatte. Er war sogar misstrauisch, fragte, ob ich die Rechnung bezahlt habe. Natürlich habe ich, gestern schon!

Jetzt bin ich wieder in Kumasi. Ich spazierte ein bisschen in der Stadt umher und habe Pläne geschmiedet, was ich alles einkaufen würde, wenn ich mich hier niederliesse: ein Motorrad, einen Gasherd, Geschirr, eine Stereoanlage, einen Kühlschrank. Dann habe ich noch die zwei jungen Frauen besucht, die ich von einem früheren Besuch her kannte. Die eine arbeitet als Kellnerin in einem Restaurant, die andere macht

Promotion für Mayonnaise im Supermarkt. Beide sind erst 19 Jahre alt. Hübsch sind sie. Die eine wollte ohne lange Reden meine Uhr, und auf die Frage, was sie mir dafür gebe, antwortete sie ganz unbefangen: *I give myself to you.* Die andere antworte auf die Frage, ob sie heute abend mit mir ausgehe auch ganz treuherzig: *Yes, and then you take me go to Switzerland.*

IM BUSCH

Der Wecker sendet sein aufdringliches, gleichmässiges Piepsen. Es ist 4.53 Uhr. Das erste Mal, dass ich den Wecker brauche, seit ich ihn auf dieselbe Weckzeit gestellt habe, zu Hause noch, in Zürich, um die KLM Maschine nach Amsterdam nicht zu verpassen. So früh bin ich also seit langem nicht mehr aufgestanden. Draussen herrscht noch die Dunkelheit, nur die Etagenbeleuchtung im Hotel spendet etwas Licht.

Ich habe vor, heute mit dem Bus nach Tamale, der grössten Stadt im Norden Ghanas zu fahren. Ich nehme noch eine kurze Dusche, dann wird schnell die Reisetasche gepackt und ab. Das Eisengitter ist noch abgeschlossen. Ich höre jemanden duschen und rufe ihn, um mir zu öffnen, nackt kommt er raus, weist mich auf eine andere Tür, und da kommt dann auf mein Klopfen einer angeschlurft, um mir das Tor zu öffnen. Stockdunkle Nacht ist es noch immer, doch es regt sich schon Leben im Ort. Ein Taxi finde ich auf meinem Weg zur Busstation noch keines, die zum Glück nicht allzuweit weg ist. Trotzdem weit genug, so dass ich bereits in der frühen Morgenstunde zu schwitzen anfange, da ich nebst meiner Tasche noch den Computer und sonst noch eine Tüte mitschleppe.

Gestern abend hat mir ein Angestellter der STC mitgeteilt, dass ich früh, vor sechs Uhr, da sein müsse, um noch einen Platz im Bus zu kriegen. Es gebe am Morgen nur einen Bus nach Tamale und noch einen abends. Der Morgenbus fahre um sieben Uhr los, und wer nicht früh genug da sei, um sein Platzticket zu lösen, der gehe leer aus.

Die Uhrzeit auf meinem Ticket ist mit 5.41 gestempelt, und ich bin bedient worden, ohne Schlange stehen zu müssen. Ich trinke Kaffee, beeile mich extra, damit ich dann einer der ersten beim Einsteigen bin. Doch Warten ist angesagt. Etwas warten, das ist üblich in Afrika.

Warten. Und dann kommt einfach kein Bus. Der Bahnhof ist voller Leute, die warten. Zwei Stunden später trinke ich einen Tee, mir Zeit lassend. Mittlerweile ist die Angst, dass ich den Platz nicht rechtzeitig besetzen könnte, längst dem Ärger gewichen. Ich fluche innerlich. Im allgemeinen gegen mein Pech und im besonderen gegen die Afrikaner, diese Flaschen, die nicht einmal imstande sind, eine staatliche Busgesellschaft ordentlich zu führen!

Plötzlich wird angekündigt, dass der Bus noch in der Werkstatt sei, und wir sollen uns doch bitte in Geduld üben. Alle andern Busse fahren inzwischen ab, der nach Accra und überhaupt alle gegen den Süden. Dann wird ein Bus in den Norden angekündigt, der dann aber nicht kommt, und plötzlich ist unser Bus da, der nach Tamale, obwohl im Lautsprecher etwas anderes angekündigt wird. Der Busfahrer ist selber ganz konfus, da nicht sein Bus, sondern ein anderer angekündigt wird, so dass er einfach wieder davonfährt, ohne jemanden einsteigen zu lassen, um etwa 30 Minuten später wieder aufzutauchen. Diesmal ist auch die Ankündigung perfekt. Bald darauf sind wir im Morgenstau von Kumasi. Mittlerweile ist es etwa zehn Uhr geworden, und wir drücken uns unseren Weg durch die morgendlichen Abgase, dem Markt entlang.

Kurz vor Tamale steige ich bei einer Kreuzung aus, um einen anderen Bus zu nehmen. Mittlerweile ist es später Nachmittag geworden, und ich habe einfach keine Lust, um noch nach Tamale hineinzugehen, eine Stadt, eben auch nur wieder eine Stadt, das interessiert mich jetzt nicht im geringsten. Ein Kleinbus kommt, überfüllt, total überfüllt, der ganze Gang ist vollgepfercht mit Menschen und Gepäckstücken. Ich zwänge mich hinein und lehne mich an eine Eisenstange und warte, bis der Bus sich wieder in Bewegung setzt. Doch in dem Moment kommt ein Typ und sagt: »Hey, weisser Mann, das ist mein Platz, geh ein bisschen nach hinten.« Aber nach hinten kann ich nicht, da alles überfüllt ist. So rücke ich ein bisschen weg vom Pfosten, ich will ja schliesslich nicht der Böse sein, will mich als Weisser unter lauter Schwarzen nicht mit denen anlegen. So stehe ich ganz lässig angelehnt an die Sitze hinter mir und mache ein grimmiges Gesicht.

Aber ich werde belohnt. Die Strapazen haben sich gelohnt. Ich bin im Busch! Wir fahren auf einer staubigen Piste. Der Wagen rast wild durch die Gegend, eine riesige Staubfahne hinter sich herziehend. Im Busch war ich noch nie. Die Landschaft hat jetzt gewechselt, weder Hügel noch Wald, noch grosse Bäume. Nur eine endlose weite Ebene, in die sich der Busch ausdehnt. Es gibt bloss noch kleine Bäume, nicht mehr so dicht aufeinander wie noch kurz zuvor, und viel Gestrüpp und dürres Gewächs. Ab und zu ist ein schwarzer Fleck abgebrannter Busch zu sehen. Alle paar Kilometer taucht ein Dorf auf. Daher kommen sie also, die Menschen, wenn man sagt, der kommt direkt aus dem Busch. Die Dörfer bestehen nur aus Lehmhütten, runde oder eckige, je nach Dorf, alles in Buschbraun, und alles ist ziemlich zerfallen und gedeckt mit Stroh, in reicheren Orten mit Wellblech. Mir geht die Busfahrt langsam in die Knochen, und die Landschaft gefällt mir zusehends mehr.

Ich bin versucht, einfach auszusteigen, irgendwo im Busch, und einfach abzuwarten, bis etwas passiert, bis ich angesprochen werde oder eingeladen. Aber ich habe ja bezahlt bis Mole, dem Nationalpark. So harre ich ganz brav aus wie die beiden weissen Frauen ganz hinten im Bus, auch sie werden wohl dem Touristenziel nicht entkommen. Schade eigentlich, wenn man so am wirklichen Buschleben vorbeifährt, um schliesslich in einem Resort zu landen, mit anderen Weissen zusammen, mehr gehegt als gepflegt, mehr teuer als angenehm. Man verplempert sogar ein Abenteuer, wenn man direkt in Afrika im Busch davor steht. Sogar der Busch verkommt zum Kino, vom Platz eines überfüllten Busses aus zwar ein bisschen aufregender, aber trotzdem ist man allem entrückt und nur ein Zaungast.

Endlich habe ich einen Platz, der Bus leert sich langsam. Die Leute gehen nach Hause in ihre Lehmhütten, mit ihren Einkäufen aus der Stadt: Plastikbehälter, ein neuer Krug, ein T-Shirt, neue alte Schuhe, ein Schulheft, vielleicht etwas Kekse für die Kinder oder etwas Gemüse.

Der letzte grössere Ort vor dem Nationalpark, Damongo, erinnert mich an Domingo und Opern. Da warten wir etwas länger, bis alles ausgeladen und auspalavert ist.

Plötzlich setzt sich ein Teenager vor mich auf den Sitz und fragt mich, ob ich nach Mole ginge.

Ja.

Wenn ich wolle, könne ich zu ihm nach Hause kommen, und dort schlafen. Er wohne in einem Dorf, dem letzten vor Mole, das sei nur ein paar Kilometer weit entfernt. Im übrigen habe das Resort zurzeit keine Elektrizität, bei ihnen gebe es zwar auch keine, dafür wohne er aber in einem richtigen afrikanischen Buschdorf.

Er wusste genau, was er zu sagen hatte, er schien die Weissen und ihre Sehnsüchte zu kennen.

Verlockend. Wieviel, frage ich.

Nein, er sei nicht so, er wolle kein Geld.

Suspekt. Ein bisschen würde ich schon bezahlen, antworte ich, vorsichtig geworden.

O.k. Er sei einverstanden. So rattern wir los und steigen bald aus und streben seiner Hütte entgegen. Tatsächlich, ich bin in einem richtigen Buschdorf gelandet! Zum ersten Mal in meinem Leben. Ich lade mein Zeug ab, bei ihm im Zimmer, einem Lehmhaus, und dann gehen wir gleich auf einen Spaziergang durchs Dorf, ohne die Türe zu seinem Zimmer, wo alle meine Habseligkeiten liegen, abzuschliessen. Vertrauen ist gut, Kontrolle ist besser. Oder sollte es etwa umgekehrt heissen? Kontrolle ist gut, Vertrauen ist besser? Beim nächsten Mal werde ich die Türe dennoch vorher abschliessen.

Er zeigt mich voller Stolz seiner Familie und der ganzen Gemeinde, vor allem jenen, die Rang und Namen haben.

Duschen, ein paar Lehmhütten weiter links, in einem kleinen, dreikäsehohen Lehmwandbad, so dass ich noch in die

Runde schauen kann, während ich mich wasche, und so dass auch die Leute vom Dorf ihre neugierigen Blicke auf den sich waschenden Weissen richten können. Das Wasser ist in Kübeln vom nahen Brunnen, den die deutsche Entwicklungshilfe 90 Meter tief gebohrt hat, herbeigeschleppt worden. Jetzt erst gibt's hier sauberes Wasser. Andere Probleme aber gibt's immer noch zuhauf. Die Kinder laufen immer noch fast alle mit diesen aufgeblähten Ballonbäuchen herum. Das hat zwar nichts mit dem Wasser, sondern mit der einseitigen Ernährung zu tun. Aber alle Übel sind hier nicht aufs Mal auszurotten. Abgesehen davon scheint es denen auch egal zu sein. Sogenannt einseitig ernähren tun die sich hier schon seit Jahrhunderten, und überlebt haben sie trotzdem, auch mit aufgeblähten Ballonbäuchen. Kümmern tut das vor allem uns mit unserem Mitleids- und Mediendrang.

Am Abend gibt es dann Fufu aus Yamwurzeln gestampft, eine Art Kartoffelstock, nur etwas fester, kompakter, aber ganz lecker. Wenn nur nicht immer die ganze Sippe in derselben Schale rumfingerte, grrrr, ist das unappetitlich. Dazu gibt's etwas Kuhfleisch, das ich aber nach dem ersten Bissen diskret in der Dunkelheit unter dem Stuhl verschwinden lasse. Lange wird es nicht dort liegen bleiben, es gibt immer eine Katze, einen Hund, ein Huhn oder eine Ziege, die alles, was herumliegt eifrig auffressen. Abfallkompostierung auf afrikanisch. Das Fleisch hat dem Geschmack nach schon stunden-, wenn nicht tagelang irgendwo an der Sonne gelegen.

Larabanga, so heisst das Dorf, hat noch keine Elektrizität, was ihm auch den Charme gibt. Ursprünglichstes, afrikanisches Buschleben. Ich bin müde und möchte schlafen. Aber das Zimmer ist zu heiss. Der Lehm hat den ganzen Tag über

Hitze aufgenommen. Draussen wäre es angenehmer, aber ich fürchte mich vor den Moskitos, habe ich mich doch gerade erst entschieden, mit der Prophylaxe für Malaria aufzuhören, da Lariam, das Medikament, so viele Nebenwirkungen haben soll und ich mir schon vorstelle, dass sich alle in mir vereinen: Depressionen, Kopfschmerzen, Angstzustände, nicht voll da sein, Schwindelgefühle, Verdauungsstörungen, Hautausschläge. Also bleibe ich trotzdem drinnen auf dem hart gestampften Lehmboden, nur auf einer dünnen Bastmatte, die nur gegen den Staub nicht aber gegen die Härte des Bodens etwas bringt, und schlafe ein.

Aufstehen, früh, es ist noch dunkel, doch die Geräusche des Dorfes wecken mich angenehm: Schafgeblöcke, Hahngekrähe, Menschenstimmen, gar ein Radio mit südamerikanischer Musik, oder war's doch afrikanische? Kurz mal pissen, direkt vor der Hütte natürlich, im Buschdorf tut man das so, und wenn man wirklich auf die Toilette muss, so geht man in den nahen Busch und entleert sich dort. Trotzdem ist so ein Dorf viel sauberer als eine Stadt in Ghana, denn so viel verträgt die Umwelt noch, bei so wenig Menschen, ohne dass es zu stinken anfängt.

Wir gehen auf Frühstückssuche. Brot finden wir keines, dafür aber geriebene Kasawawurzeln, aus denen sie auch Brei herstellen. Wir treffen Frauen, die unter einem Baum sitzend das weisse Zeug, das sie am Abend zuvor gerieben haben, in einer grossen Pfanne auf dem Feuer erwärmen, immer umrühren, damit nichts anbrennt. Alle sind freundlich zu mir, gar zu einem Flirt oder einem Spässchen aufgelegt, bis dann von irgendwoher ein Mann kommt, der Bruder eines Mädchens oder ein Ehemann, und die Frauen ganz streng zurechtweist, damit sie wieder wissen, wer da das Sagen hat und wie sich eine gute Muslimin Ausländern gegenüber zu verhalten hat. Wir kaufen etwas von diesem geriebenen Kasawawurzelzeug, kaufen auch etwas teure und synthetische Büchsenmilch von Nestlé, etwas Zucker und rühren das Ganze dann mit Wasser in einem Becher an. Am Schluss haben wir so etwas wie Müesli, ein süsses Frühstück. Ganz lecker, nur die Bananen fehlen noch. Dazu gibt's Lipton's Tea.

Jetzt will ich aber endlich in den Nationalpark, schliesslich ist das immer noch mein erklärtes Ziel. Also miete ich ein Fahrrad, und los gehen wir. Natürlich geht das nicht so schnell wie das hier beschrieben wird, denn für eine so komplizierte Sache wie im Busch ein Fahrrad organisieren, braucht es schon einen halben Morgen Zeit. Mein ständiger Begleiter kommt mit einem alten Exemplar, *Made in China*, angefahren, das ich auch gleich ausprobiere. Es wird noch ein bisschen palavert, und bald kommt ein anderer Typ mit einem anderen Rad, für das ich mich dann auch entscheide. Aber dann fehlt für meinen Begleiter ein Rad, und so geht es weiter mit den Komplikationen, bis auch er ein Rad hat und auch sonst alles klar ist. Dann radeln wir die paar Kilometer zum Park, durch den Busch, bezahlen Eintritt, und los geht's, zu den Elefanten.

Die Bungalows hier im Resort sind ganz nett gelegen. Auf einer Anhöhe vor dem Wasserloch, wo sich die Tiere zum Wasser trinken versammeln. Laut Reiseführer gibt's nebst Elefanten auch Antilopen, Löwen und was es sonst noch für exquisite wilde Tiere gibt in Afrika. Zu sehen bekommen wir dann aber bloss eine Herde Elefanten, weidend hinter dem Wasserloch, ein gutes Stück weit weg, so dass man besser ein Fernglas mitgebracht hätte, falls man ein grosser Elefantenfan ist und zu Hause nie Gelegenheit hatte, die Elefanten zu sehen, wie sie sich beim Zirkus gegenseitig mit den Rüsseln an die Schwänze fassen und so im Kreis hintereinander herlaufen.

Auf dem Rasen sitzend schauen wir in den Busch hinunter, der sich wie ein Meer bis zum Horizont hinzieht. Busch an Busch, soweit das Auge reicht. Und die paar Elefanten eben.

Die beiden Mädchen von gestern im Bus sind auch da. Deutsche. Alles spricht Deutsch, das ganze Resort, so scheint es mir, bis auf ein portugiesisches Paar. Er mit langem, weissem Bart, eher einem verirrten Indienreisenden ähnlich. Auf die Frage, wie lange er auf das Essen habe warten müssen, antwortet er betont lässig, nicht lange, nur etwa 42 Minuten und schaut dabei herausfordernd auf eine imaginäre Uhr am Handgelenk. Aus seiner Stimme höre ich heraus, dass er sich nicht über die Warterei ärgert, sondern über meine deutsche oder schweizerische Ungeduld hier im geduldigen Afrika. Dabei möchte ich doch nur wissen, wie lange es dauert, da es abends ja wieder Fufu geben wird und ich mir den Appetit darauf keineswegs verderben möchte, schon gar nicht durch ein zu spät zu mir genommenes, übertreures Touristenresorthähnchen, das womöglich, da es keine Elektrizität und somit keinen Eisschrank gibt, auch schon stunden- oder tagelang irgendwo vor sich hin verwest ist.

Die beiden deutschen Mädels vermachen uns schliesslich noch argentinisches Cornedbeef, englische Heinz-Bohnen und ghanaische Makrelen in Tomatensauce, alles fein in Dosen verpackt, die sie in einem Anflug von Proteinmangel-Paranoia gekauft haben, als sie im Reiseführer gelesen haben, die Verpflegung im Resort sei nicht gerade super und man müsse alles vorausbestellen. Dem ist aber anders, wie das portugiesische

Paar mit dem Hähnchen bewiesen hat, und so können sie mit ruhigem Gewissen ihre Eiweisse an uns verschenken. Und ich wiederum kann einer ganzen afrikanischen Sippe damit einen netten, proteinhaltigen Abend offerieren.

Büchsenfutter, bei uns armer Leute Essen, und sei's nur arm an Zeit, mutiert in Afrika plötzlich zu einem Statussymbol der Mittelklasse. Da es so unverschämt teuer ist, kann es sich hier unten nur die mercedesfahrende und fettbäuchige Klasse leisten, eben nebst proteinneurotischen Touristinnen. Für den Preis einer Dose Cornedbeef könnte ich eine mittlere afrikanische Sippe einen Tag lang mit Fufu verköstigen.

Aber die deutschen Mädels sind trotzdem ganz o.k. Nur dass sich die eine von den beiden, die mit den bleichen Beinen, sich nicht so spontan mit Mohammed verheiraten will, wie er sich das wünscht, wie er es offensichtlich wirklich für möglich hält. Er denkt sich wohl, dass dieses wertvolle Konservengeschenk als ein sexuelles Signal an ihn zu verstehen sei, obwohl die beiden in Wirklichkeit ja nur den schweren Ballast loswerden wollen. So sagen sie wenigstens. Geht's doch am andern Tag wieder auf Reise.

Oder ist doch mehr dahinter? Ist es doch umgekehrt? Ist der Afrikaner etwa doch näher, spontaner und ehrlicher am Heiratsinstinkt (Lust auf Sex) als die beiden Mädels, die mit dem Konservengeschenk spontan mehr ausdrücken, als sie sich bewusst sind? Oder schlimmer noch, dass sie sich ihrer spontanen Anmache nicht bewusst sein wollen, sie gar verdrängen? Verdrängen mit sarkastischen Witzen über die übertriebene Spontaneität und dem allzu naiven Glauben und dem allzu durchsichtigen Denken der primitiven Afrikaner?

Abends essen wir wieder vor dem Haus von Mohammeds Mutter und ich fühle mich wirklich sauwohl unter diesen einfachen Menschen. Ohne Strom und ohne Komfort. Ein gutes Gefühl, einfach so dazusitzen und dazusein, im Schatten des Feuers, ohne wirklich zu sehen, was ich esse, dafür weiss ich es: Es ist Fufu wie gestern.

Essen hat hier weniger eine kulinarische als mehr eine soziale Bedeutung. Jeweils ein paar Leute essen zusammen aus einem Topf mit ihren Händen, was nach analytisch wissenschaftlicher Auslegung die sozialen Strukturen und die Solidarität unter den Leuten unterstreicht, festigt und fördert. So stünde es vielleicht in einem aufklärerischen Reiseführer über Afrika. Nach Auslegung des gesunden Menschenverstandes aber ist es für diese Menschen einfach klar, dass man mit jemandem zusammen isst, nicht nur isst, sondern dass man mit jemandem zusammen ist.

Mein Beschützer und Gönner offeriert mir jetzt eine der vorbeikommenden jungen Frauen. Ich aber stehe mehr auf seine Schwester und sage ihm ganz beleidigt, warum er mir denn nicht seine 18jährige Schwester offeriere für die Nacht anstelle dieses wildfremden Mädchens. Natürlich werde er das, sagt er mit einer Entschuldigungsmiene, er werde es arrangieren, er übe ja schliesslich Macht über seine Schwester aus, er habe sie unter Kontrolle.

Später gehen wir hinters Haus, wo sein Stiefvater, das Oberhaupt der Sippe, die aus seinen drei Frauen mit ihren zahlreichen Kindern aus verschiedenen Ehen besteht, auf seinem Holzfeldbett ruht und sich die Ehre gibt, mir die Hand zu schütteln. Dabei kommen wir an seiner schönen Schwester vorbei, die gerade Wurzeln reibt, diesmal nicht stampft, sondern reibt. Sie lächelt mir artig zu, ohne aber ihre Arbeit dabei zu unterbrechen. Hübsch. Dann setzen wir uns noch einen Moment vor die Lehmhütte zu Mutters Haus und Herd, und ich geniesse diese urige ländliche Idylle und möchte am liebsten gleich einziehen.

Lehmhütte und Lehmhütte reihen sich aneinander. Vor jedem Haus sitzt ein Grüppchen Menschen vor dem Holzfeuer, meist die Frau des Hauses, die den Herd bedient und ein paar Kinder um sich geschart hat. Kinder und Küche, wie es sich gehört. Einige der Kleinen liegen auf Matten und schlafen schon, andere sitzen versunken vor sich hin, ein anderes saugt an einer Brust. Eine Lehmhütte weiter wird auch gerade Fufu gestampft. Fufu ist der nationale Brei wie Rösti in der Schweiz. Die ganze Szene spielt sich in der Dunkelheit, und im vom Feuer geworfenen schattigen Licht ab. Irgendwo wird palavert, irgendwo gelacht, und sicher werden Pläne für die Nacht geschmiedet.

Die Afrikaner scheinen alles, was wächst, gedeiht und essbar ist, zu stampfen. Alles wird mit Holzpfählen in Holzbehältern gestampft, bis es zu Brei wird. Vielleicht haben sie deshalb so schöne weisse und gesunde Zähne, wenigstens wenn sie jung sind, weil sie nichts beissen, da alles in Breiform, quasi vorverdaut, in den Magen gelangt. Das einzige, was die in den letzten 100 000 Jahren gelernt und erfunden haben, ist erstens den Körper zu bewegen, also zu tanzen und Gewichte auf dem Kopf zu balancieren, und zweitens können sie trommeln. Die grösste kulturelle Errungenschaft aber ist der Stock, mit dem sie alles, was essbar ist, zu Brei zerschlagen, zerhauen, stampfen.

Plötzlich hört man Trommeln in der Dunkelheit, wilde, afrikanische Rhythmen, und schon denkt der Europäer an Geisterbeschwörungen oder Trommeln für den Frieden und anderen Hokuspokus. Geht man aber den Geräuschen nach, so landet man einfach auf der Hauptstrasse, wo ein Haufen Kinder um ein paar Jugendliche herum tanzen, die an der Mauer der Moschee sitzen und trommeln und im Chor singen. Einfach so, und auch hier in stockfinsterster Dunkelheit. Ab und zu sieht man ein Licht von einer Taschenlampe aufblinken, sonst aber hört man nur Geschrei und Getrommel. Ein paar Erwachsene stehen palavernd herum oder schauen den Kindern zu, die ja nach afrikanischer Weisheit das Salz des Lebens sein sollen.

Unter diesen Trommelklängen handeln wir den Preis aus, den ich seiner Schwester für die Nacht zu bezahlen habe, die er mir nochmals eindringlich empfiehlt. Auch die Modalitäten, wie sie kommen, bleiben und gehen soll, wollen geklärt sein. Dann gehen wir zurück zum Haus, wo ich noch eine kurze Zeit lang vor meinem Zimmer in der Dunkelheit herumlungere, mich auf eine Bank lege, den Sternen beim Leuchten zugucke und das Universum einen grossen Raum sein lasse. Dann überkommt mich Müdigkeit, ich gehe in mein überhitztes Zimmer, lege mich auf die Matte auf den harten Boden, harre noch ein bisschen der Dinge, die da kommen oder nicht kommen werden, und nicke ein.

Etwas später kommt er zurück, ohne mir aber die Frau mitzubringen. Seine Schwester sei noch nicht mit der Arbeit fertig, sei also quasi eine gute, seriöse Braut, die nicht einfach von der Arbeit weg dem erstbesten Manne nachlaufe, so etwas will ich aus seiner Stimme gehört haben. Ich bin froh, mich nicht mehr auf ein dubioses Abenteuer einlassen zu müssen, bin müde und schlafe weiter.

Am nächsten Tag frage ich Mohammed, wie das nun mit seiner Schwester sei. Er sagt, sie sei müde gewesen, und mich habe er auch nicht mehr stören wollen. Aber die Angelegenheit könne eine erfolgreiche Fortsetzung nehmen; auch wenn ich jetzt ginge, so könne ich ja wiederkommen, und ich müsse nur ein Fragezeichen hinter die nicht abgeschlossene Affäre setzen.

So sind alle Helden geblieben, ohne dass etwas passieren musste. Und alle konnten ihr Gesicht wahren. Er offerierte, ich willigte ein, und was seine Schwester von dem allem mitgekriegt hat, werde ich wohl nie erfahren.

Am nächsten Morgen bin ich wieder ganz gerädert von dem harten Boden und ganz durchnässt vom Schweiss, und mein Körper ist heiss. Ich stehe trotzdem gut ausgeschlafen auf und flüchte mich ins kühlere Draussen. Diese Nacht habe ich etwas länger geschlafen, es ist schon hell draussen, ungefähr sieben Uhr, und die Leute sind praktisch alle schon auf den Beinen und gehen ihren Beschäftigungen nach. Die Frauen und die Kinder holen Wasser aus dem nahen Brunnen, balancieren riesige und schwere Behälter auf ihren Köpfen durch die Gegend, gehen dazu anmutig ihr langsames, für uns Weisse etwas provokatives Gehen und haben dabei immer noch ein Lächeln für mich übrig, wünschen mir guten Morgen, drehen gar den Kopf, als ob da gar nichts drauf wäre. Erstaunlich, wirklich erstaunlich.

Die Männer haben ihre morgendlichen Gebete hinter sich, sind schon auf die Felder gegangen oder sitzen auf Lehmmauern, um sie auszubessern, oder bauen gar neue Wände oder lungern und liegen einfach herum. Ich bin jetzt in Aufbruchsstimmung, packe schon mal vorsichtshalber die Tasche, ziehe Socken und Sportschuhe an, trinke einen Tee, esse etwas Brot dazu und bin reisefertig. Dann mache ich mit Mohammed und seinem Freund noch eine letzte Runde und verabschiede mich von seiner Familie und gebe ihnen etwas Geld. Wir bedanken uns gegenseitig.

Dann noch die Fotos. Das hätten wir fast vergessen. Die Fotos! Von mir mit der Familie. Die Mutter muss noch schnell ins Haus, um sich ein farbiges Tuch um den Kopf zu wickeln, dann arrangiert sie die Töpfe, ruft die Kinder zusammen, einem wird noch schnell ein T-Shirt übergezogen, damit alles einen ordentlichen Eindruck macht, obwohl alles vorher viel originaler, authentischer gewesen ist. Ich sage nichts und mache mit. Eine Ziege, die sich ins Bild drängt, wird kurzerhand mit Steinen verscheucht, und so ist die Idylle »Nette afrikanische Buschfamilie mit weissem Mann« nicht mehr ganz so perfekt. Dann noch ein Foto mit meinem Freund Mohammed und mir. Den Vorsitzenden der Familie, den Stiefvater, hätten wir fast vergessen. Also nochmals die Kamera ausgepackt, uns artig hinter seinen in der Sonne aufgestellten Stuhl gestellt, ein leises Surren, und das Bild ist im Kasten.

Jetzt müssen wir aber zur Durchgangsstrasse, denn man weiss ja nie, ob der Bus heute früh dran ist. Es ist kurz nach acht Uhr. Und jetzt beginnen sie, die Strapazen eines typischen und durchschnittlichen Reisetages in Afrika. Der Bus kommt nicht. Warten. So gegen neun kommt dann wie aus dem Nichts und zu meiner Überraschung der Leiter der Schweizerschule in Accra mit seinen Schülern im Schulbus vorbei. Schulreise. Die fahren aber nicht nach Wa, sondern nach Bole, was etwa die Hälfte meines Weges ausgemacht hätte. Der Leiter der Schule ist aber so nett, mich nicht darauf aufmerksam zu machen, um mir ja keinen Gefallen tun zu müssen. So sind sie eben, die Schweizer in der Fremde: immer darauf erpicht, einander aus dem Weg zu gehen. Und sollte das Schicksal dennoch wollen, dass sich Schweizer Wege kreuzen, so ist man freundlich und nett zueinander, ohne sich aber wirklich was Nettes zu tun oder sich gar wichtige oder nützliche Informationen zu geben. Die hält man dann hinter Ahnungslosigkeit diskret versteckt, wie ein Nummernkonto bei der Bank, zurück. So warte ich halt noch ein Stündchen, um dann endlich in einem alten VW-Käfer Platz zu finden, und lasse mich von zwei Politikern der Opposition, die in Sachen Werbekampagne unterwegs sind, auf der staubigen Strasse zur 40 km entfernten Kreuzung schütteln. Wir sind alle ganz schmutzig, als wir ankommen, sind überzogen von einem rötlichen Staub, als arbeiteten wir in einer Ziegelfabrik.

Bei der Kreuzung dann warte ich auf das nächste Trotro, den Sammelbus. Das Trotro, das nach Wa fährt, ist zum Glück nicht vollgepfercht und somit relativ bequem. Der Typ neben mir, ein staatlicher Steuereintreiber mit gestreiftem Hemd und Bügelfaltenhosen, spricht gut Englisch, und so unterhalten wir uns kurz über die afrikanischen Verhältnisse. Wir sind uns einig, dass Ghana bessere Strassen, mehr Investitionen, mehr von allem eben brauchte, aber keine Missionare, die hier unten in ihren 50 Tausenfränkigen Geländewagen herumpilgern und die Leute von der Fähigkeit und der Grandiosität Jesu Christi überzeugen wollen und die in ihren feudalen klimatisierten Bungalows die nächste Opiumpfeife fürs Volk stopfen.

Plötzlich, nach etwa 15 Minuten Fahrt, haben wir eine Panne. Filterprobleme, heisst es. Klar, sage ich, bei diesen Strassenverhältnissen, diesem Staub, sei das nicht erstaunlich. Diesen Staub halte doch auf die Dauer kein Filter aus! Der Beifahrer verschwindet mal kurz unter dem Auto, um den Schaden zu beheben. Nach kurzer Zeit stellt sich dann aber heraus, dass das Problem banalerer und viel peinlicherer Art ist: Wir haben nämlich einfach kein Benzin mehr. Der Fahrer hatte vergessen zu tanken. Er hat sich wohl gedacht, Gott werde ihn schon beschützen und ihn bis zur nächsten Tankstelle geleiten, ohne in Schwierigkeiten zu kommen.

So warten wir halt wieder mal ein Stündchen in der brütenden Hitze des Nachmittages, bis zufällig ein Typ mit dem Fahrrad vorbeikommt und verspricht, uns vom nächsten Ort einen Kanister voll des kostbaren Gutes mitzubringen. Nach etwa 40 weiteren Minütchen fahren wir weiter nach Wa, laut Reiseführer einer aufstrebenden Stadt im Nordosten Ghanas, wo traditionelle Lebensweisen (vor Häusern sitzende alte Männer) mit moderner Kultur (asphaltierte Strassen und Elektrizität) aufeinandertreffen. Wa, so wie ich es sehe und so, wie ich es in einem Reiseführer aufführen würde, ist einfach ein kleines Nest im Busch, mit vielen Fahrrädern und Mofas.

IN DER SAVANNE

Vor einer Woche noch wollte ich ein Motorrad kaufen und damit den Nordosten des Landes besuchen. Vorgestern wollte ich gar ein Hotel aufmachen, mit einem kleinen Restaurant irgendwo im Busch. Schon sah ich mich hier in der Vorstellung integriert in dieser ländlichen Idylle, schon sah ich mich umringt von meiner Sippe, meiner Frau, meinen Kindern. Schon war ich ein Hotelherr und ein Chefkoch in meinem eigenen Restaurant, wo sich die Touristen wohl fühlen können. Ganz klar sah ich es vor mir, wie die Ideen und Pläne zu realisieren sind. Ein kleines Geschenk hier, ein freundliches Wort dort, gute Beziehungen zum Dorfältesten und ein paar nette Freunde. Intrigen und Neid, Korruption, Verrat und kulturelle Differenzen, die Platzhalter des Geschäftslebens, hatte ich verdrängt, die gab es nicht in meinem natürlichen Busch-Weltbild. Lieber träumte ich vom Paradies auf Erden.

Doch nun hatte ich das alles wieder vergessen und ich bin wieder auf dem Boden meiner Realität in einem Hotel abgestiegen, wo ich mir auch gleich ein Fahrrad gemietet habe. Ich fuhr damit etwas im Ort herum und dann wieder zurück zum Hotel, um dort die verschwitzten Kleider zu wechseln. Der Typ, von dem ich das Velo gemietet hatte, meinte ganz unverschämt, ich müsse nochmals bezahlen, wenn ich nochmals ausfahren wolle, der Mietpreis sei nur für einmal ausfahren berechnet gewesen, und nicht für einen ganzen Tag. Ich wurde wütend, sehr wütend sogar, schliesslich hatte ich für den ganzen Tag bezahlt. Ich fuhr ihm einfach davon, ohne noch weiter auf ihn einzugehen, aber murmelte noch ein paar schlimme Flüche vor mich hin.

Die Wut jedoch klebte noch an mir, als ich aufs Land hinaus fuhr. Und diese Wut übertrug ich auf ganz Afrika und deren Menschen. Hatte ich nicht fast nur schlechte Erfahrungen mit den Menschen hier gemacht, waren das nicht einfach alles Idioten, die von nichts keine Ahnung haben? Ich radelte auf der einsamen Strasse in der Hitze gegen Norden. Mittlerweile war es schon später Vormittag geworden. Bald schon wollte ich umkehren, besann mich dann aber eines besseren. Der Tag war noch jung. Und hatte ich nicht für den ganzen Tag bezahlt?

Nach ein paar Kilometern erreichte ich eine Abzweigung, wo sich eine Schule befand. Ich quatsche ein bisschen mit den Schülern, die mir sagten, dass ich nach zwei, drei Meilen ihr Dorf erreichen würde, ich solle doch dorthin radeln und ihr Dorf besuchen gehen. Also ging ich hin. Es war mittlerweile Mittag geworden, die Kinder waren noch in der Schule und die arbeitende Bevölkerung noch auf dem Feld. Nur ein paar müde Dorfbewohner dösten vor sich hin, und einige Kleinkinder spielten im Schatten eines Baumes. Was mich vorgestern noch in höhere Schwingungen versetzt hätte, das ödete mich heute an. Afrika und der Busch. Nein danke.

Ich fuhr zurück. Etwas schneller und zielstrebiger nun, da ich nach Hause wollte, denn ich hatte Durst. Der Gedanke an ein Eiswasser gab mir die Kraft etwas schneller zu radeln. Zurück im Ort trank ich an einem Strassenstand erst mal eine Cola mit Eiswasser gemischt. Das tat gut! Ich sass eine Zeitlang auf dem Stuhl und schaute den vorbeifahrenden und vorbeigehenden Leuten zu. Danach fühlte ich mich schon wieder viel besser. Die Welt und Afrika gewannen langsam wieder Oberwasser. Dann kaufte ich noch ein paar Früchte und sah auf einmal das weiss-blau-gestreifte Signet von Star Bier.

Zeit für ein Bier. Also rein da in diese Kneipe, es ist Nachmittag. Das Star Bier übernimmt jetzt die Stimmung. Wer ein Restaurant besitzt ist ein privilegierter Bürger, der hat auch Strom, kühles Bier und gar einen Wasseranschluss. Und tatsächlich, da sprudelt das Wasser aus einem Schlauch in die Behälter. Der ganze Innenhof ist voll mit Frauen mit ihren farbigen Kübeln und Behältern aus Plastik und billigem Metall. Frauen in bunten Kleidern kichern und flirten mit mir, machen witzige Sprüche und die Kinder necken mich. Das Bier zeigt seine Wirkung. So was gibt's doch in Zürich nie! Wenn ich dort mal gefrustet bin, so kann ich doch nicht einfach in ein Restaurant gehen und reine Menschlichkeit, Lust und Freude umgeben mich. Wenn ich dort gefrustet in ein Restaurant gehe, so komme ich doch noch deprimierter wieder raus. Sogar wenn ich dort voller Enthusiasmus und aufgestellt in eine Kneipe gehe, holt mich garantiert die oder der Erstbeste wieder runter.

Das Wasser sprudelt hier nicht immer, nur ab und zu für ein paar Stunden, wie mir die Kellnerin sagt, und in dieser Zeit kommen die Frauen und Mädchen, um sich mit dem kostbaren Nass einzudecken, damit zu Hause wieder gekocht, getrunken, gewaschen und geduscht werden kann. Und wenn das Wasser hier mal versiegt, so fliesst es vielleicht für ein paar Tage nicht mehr hier, dafür aber anderswo, in einem anderen Areal. Und so herrscht Freude, ob des kostbaren Nasses und die Mädchen und Frauen sind aufgedreht und glücklich und zeigen es auch. Und ich bin der Hahn im Korb.

Plötzlich ist das Wasser versiegt und die Frauen und Mädchen verschwunden. Zurück bleibt nur das leere Bierglas und die Kellnerin und zwei kleine, spielende Kinder, deren Übermut dem Wasser gleich, auch langsam versiegt. Ich bezahle, gebe der netten Frau ein Trinkgeld, und fahre mit dem Mietvelo davon, zum nächsten Laden, wo es Mineralwasser gibt. Denn schon wieder habe ich Durst. Ich kaufe eine Flasche. Als ich hier gestern eine Flasche Wasser und eine Cola bestellt habe, ist dem Verkäufer vor lauter Schreck ob dem weissen Mann, der da so plötzlich unangemeldet aus dem Nichts auftauchte, eine Cola runtergefallen. Der ganze Boden war voller Schaum gewesen. Jetzt mache ich ein paar Sprüche deswegen, das Bier wirkt noch und dann fahre ich zum Hotel zurück und gebe dem frechen Typen das Fahrrad zurück.

Trommeln. Rhythmus. Geschrei. Es ist mitten in der Nacht. Fastnacht oder was? Nein, ein Traum, Afrika. Trommeln und Geschrei, immer noch, in der Ferne. Die spinnen doch, die Afrikaner. Spiritismus oder was? Traditionelle Religion oder was? Wilde sind das doch, halbe Wilde. Halbschlaf. Der Wekker piepst. Immer noch bin ich in der aufstrebenden Kleinstadt, wo geteerte Strassen auf vor Häusern sitzende alte Männern treffen.

Es ist wieder mal soweit, 4.17. Auf diese Zeit habe ich die Uhr gestellt. Heute will ich von Wa nach Bolgatanga. Gestern habe ich mich noch erkundigt. Nur einmal pro Tag fährt ein Bus die Strecke. Am Morgen so um sieben Uhr hat es geheissen. Man müsse aber schon um fünf da sein, wolle man noch einen Sitzplatz. Ein anderer meinte, vier Uhr wäre sicher nicht zu früh.

Ich stehe mühsam auf, habe absolut keine Lust dazu, alles geht mir auf die Nerven, was soll das überhaupt, so früh aufzustehen, irgendwohin zu fahren, zu reisen überhaupt, wo liegt da der Sinn, dabei könnte ich es doch so schön haben zu Hause in der Schweiz ... schön haben? Zu Hause? Mein Gott, dort würde ich mir die gleichen Fragen stellen, würde statt etwas zu früh etwas zu spät aufstehen, würde dann den obligaten Gang zum Stadelhofen machen, würde dort desinteressiert die Schlagzeilen der Tagespresse überfliegen, würde in ein Café gehen und dort noch gelangweilter und noch desinteressierter den *Tagi* und den *Blick* durchblättern, würde versuchen, von der mehr eingebildeten als hübschen Bedienung ein Lächeln zu erhaschen. Ernten würde ich aber nur einen grimmigen und bösen Blick.

Fertig gepackt. Das Gehen zur Busstation bringt mich wieder in die Gegenwart zurück und hellt meine düsteren Gedanken etwas auf. Es ist noch nicht fünf, trotzdem gibt es schon reges Leben auf den noch dunklen Strassen, und vor den Häusern wird im Lampenlicht schon wieder gearbeitet. Zwei junge Männer sitzen vor ihren Nähmaschinen und nähen, anderswo bereiten die Leute schon ihren Stand vor, andere trinken Kaffee, aber überall wird auch noch geschlafen. Einfach so, wie ausgestreut, liegen überall Schlafende auf ihren Bastmatten direkt auf dem Boden. Nicht dass die keine Häuser hätten, da sind ja welche, vor denen sie schlafen, aber es ist einfach zu heiss in den Räumen, und wer hat schon einen Ventilator. Ein nacktes Kind liegt bäuchlings, den Daumen im Mund, auf der Türschwelle zum Vorhof, so, als hätte es dort einfach jemand versehentlich fallen gelassen. Musik von Kassettenrecordern ist schon zu hören. Wenn jemand bei uns morgens vor fünf auf offener Strasse Musik hören würde?! Jetzt bin ich schon fast wieder froh und aufgestellt ob dem morgendlich frischen Leben auf der Strasse. Man steht normalerweise einfach zu spät auf, geht es mir durch den Kopf, man sollte früher aufstehen, dann hat man noch etwas vom Tag, spürt die verschiedenen Tageszeiten und Tagesqualitäten noch.

Um zehn vor fünf bin ich da. Zwei Busse stehen bereit. Einer ist halb leer, der andere total überfüllt, eine Traube Leute vor dem Einstieg. Ich weiss es augenblicklich: Mein Bus ist der überfüllte. Vergiss es. Geh nicht in dieses Kaff in den Norden. Jetzt hast du keinen Platz, und es morgen noch mal zu versuchen, wäre nicht nur Zeit-, sondern auch Nervenverschwendung.

Wohin ich wolle.

»Nach Bolgatanga«, sage ich, »aber der Bus ist ja total überfüllt.«

Ja, das sei er, es fahre aber morgen wieder einer.

»Nein, dann gehe ich lieber zurück nach Tamale oder gleich wieder zurück nach Accra.« Und ich setze mich demonstrativ auf eine Bank und esse eine Banane. Irgendwie tut es mir schon leid, extra so früh aufgestanden zu sein, den relativ langen Weg vom Hotel zur Station gegangen zu sein und dann dieser Frust. Trotzdem: Fakten sind Fakten.

Ich solle doch stehen, meint einer ziemlich wortkarg.

»Ja, stehen, wetten dass ich nicht mal in den Bus hineinkomme, geschweige denn, dass ich überhaupt einen Stehplatz finde.« Ich setze mich wieder.

Irgend jemand schwafelt etwas, ich könne doch vorne sitzen, da gebe es noch einen Platz. Ein Plätzchen, ein Teil von einem Plätzchen.

»Das glaube ich nicht.« Als Witz sage ich: »Also gut, passe mal auf, aber ich werde es nicht schaffen. Wetten?«

Dann aber mischt sich unverhofft der Busfahrer persönlich ein, der mir bis jetzt eher feindlich gesonnen schien, und legt ein starkes Wort für mich ein, und so steige ich entgegen der allgemeinen Stimmung durch das Fahrerfenster in den Bus, krieche übers Steuerrad, über die Motorhaube, über Beine und Koffer und finde meinen Platz, den ich für die nächsten paar Stunden mit dem Kondukteur teilen muss. Ein Drittel meines Gesässes findet dann auch eine feste Unterlage, der Rest schwebt über Koffern, Säcken und Beinen.

Bein an Bein mit dem Kondukteur, Bein zwischen Bein mit einer Ghanain, die vor mir auf der Motorhaube sitzt, und hinter mir spüre ich den Bauch eines jungen Mannes, der an den Sitz gelehnt ist. Und los geht's. Es ist ungefähr halb sechs. Laut Information von gestern abend zu früh, um loszufahren. Aber in Afrika ist eben alles möglich. Nicht nur stundenlange Verspätungen, sondern auch stundenlange Verfrühungen können vorkommen.

Es ist noch tiefste Nacht und wir haben die Stadt bald hinter uns. Die Lichter des Autos werfen zwei Kegel, aus der die sichtbare Welt jetzt besteht. So fahren wir im wahrsten Sinne des Wortes über Stock und Stein. Über Wurzeln, die auf die ungeteerte Piste ragen, über Felsbrocken, die zu gross sind, um sie wegzuschaffen, über plötzliche Anhöhen und darauffolgende Löcher. Eine Irrfahrt. Es rumpelt und schüttelt, schlimmer als ein paar Tage zuvor auf der Strecke nach Wa. Doch ich bin zufrieden. Im Dunkeln sehe ich den Busch an uns vorbeihuschen und vor mir die helle Strasse auf uns zugeschossen kommen. Langsam wird es heller, und langsam schläft mein linkes Bein ein. Und meine linke Gesässhälfte. Trotzdem ein weiteres Abenteuer kündigt sich an, auch in Gedanken, die mich in die Vergangenheit versetzen. Und so sitze, fahre und träume ich vor mich hin.

Zwei Wildtiere – Antilopen? – wecken mich aus der Tagträumerei. Mittlerweile ist die Sonne aufgegangen, und die beiden Tiere flüchten vor dem Auto über die Strasse, strecken alle viere von sich, um sie alle gleichzeitig wieder zusammenzuziehen, einen nächsten Sprung zu tun, und schon sind sie nicht mehr zu sehen. Der Busch ist mittlerweile lichter geworden, dürrer die ganze Szene, heisser das Klima. Savanne jetzt, nicht mehr Busch. Und immer noch zieht sich die Landschaft, eine grosse, weite Ebene ohne Ende, dem Erdboden nach. Strommasten begleiten uns jetzt. Die ersten, seit wir Wa verlassen haben. Kaum haben wir die Stadt verlassen gehabt, sind wir auch gleich wieder in der Wildnis gelandet, ohne ein Zeichen von Zivilisation, nur der mystisch beleuchtete Busch kam uns entgegen. Und jetzt, nach drei Stunden, nach halber Fahrt, habe ich irgendwie das Gefühl, alles sei etwas kultivierter, wärmer, nicht vom Klima her, sondern von der ganzen Ausstrahlung, irgendwie scheint alles plötzlich lieblicher geworden zu sein, gepflegter. Die Lehmhütten sind von grünem Gras umgeben, das wie Gärten aussieht. Grosse, schattenspendende Bäume säumen die Strasse, Esel stehen herum, störrisch, oder sind sie doch eher geduldig? Verschiedene domestizierte Tiere fressen den Abfall zwischen den Häusern und von der Strasse weg. Die Dörfer und Häuser sind jetzt dichter gesät. Obwohl das Klima heisser wird, scheint es hier zivilisierter zuzugehen. Frauen und Kinder mit Wasserbehältern auf dem Kopf gehen langsam über Feldpfade oder der Strasse entlang. Kinder spielen unter riesigen Bäumen. Schon wieder diese ländliche Idylle, es ist zum Herzzerreissen. Geissen springen wie wild von der Strasse. Sie haben Angst vor dem grossen lauten Ding, das da in ohrenbetäubendem Lärm plötzlich auftaucht und auf sie zukommt. Dumme Rebhühner flattern im letzten Augenblick von den Rädern weg, auch mal ein ganz besonders dummes zu spät. Der Fahrer zuckt mit keiner Miene, allen ist es egal. Ein Huhn mehr oder weniger, was soll's. Nur bei grösseren Tieren wird abgebremst, bei Kühen oder auch bei Brücken oder bei ganz besonders grossen Löchern.

Die Fahrt hat sich gelohnt; was wäre, wenn ich nicht mitgefahren wäre? Rückzug. Wohin? Nach Kumasi, gar zurück nach Accra in den Stadtsumpf? Rückzüge sind immer kleine Niederlagen. Heute habe ich wieder mal einen kleinen Sieg errungen. Und Glück habe ich gehabt. Nach halber Fahrt, nach drei Stunden, lichteten sich die Reihen, und mir wurde der Beifahrersitz angeboten. So sass ich schliesslich auf einem Logenplatz, von wo aus ich die ganze Szenerie gut betrachten, geniessen und reflektieren konnte, wo mich niemand störte, meinen Tagträumereien nachzuhängen.

IM WIND

Der Ort Bolgatanga scheint wie die ganze Gegend wirklich etwas freundlicher zu sein als Wa, nicht so steril. Kompakter. Ein paar kleine Biergärten an der Strasse, nicht menschenleer, wie mir das sonst in Ghana aufgefallen ist, sondern mit wirklichen Leuten drin, die wirkliche Musik hören, keine dieser Gespensterkneipen, wo nie jemand hingeht.

Ich erinnere mich an gestern abend in Wa, wo ich am Abend noch einmal in die Kneipe gegangen bin, in der die Frauen tagsüber das Wasser holten. So lebendig und charmant der Platz am Nachmittag auf mich wirkte, als ich dort ein Bier trank und den Frauen beim Auffüllen der Behälter und beim Plaudern zusah, so trist und leer war es dort am Abend gewesen. Nur die nette und hübsche Ashanti, die am Nachmittag den Wasserhahn bediente und das Geld kassierte, war noch da. Sie hatte für den Abend die Kleider gewechselt: eine enganliegende, weisse, kurzgeschnittene Jeansjacke, darunter ein tief ausgeschnittener Body, der die Achselhöhlen frei gab. Kaum hatte sie sich zu mir gesetzt, zog sie auch schon die Jacke neckisch über die Schultern, kreuzte die Arme hinter dem zurückgeworfenen Kopf und schaute mich aufreizend an. Wen hatte sie wohl erwartet? Sicher kein grosses Saufgelage, denn die Tische waren schon weggestellt gewesen, und im Vorhof, wo der Wasserhahn ist, waren die Lichter schon aus.

Dann stellte sie extra für mich einen Tisch und zwei Stühle mitten ins Restaurant. Ich bestellte zwei Cola für uns und etwas Brandy. Natürlich hatte es zufälligerweise gerade keine Cola da. Doch sie schickte ein Mädchen los, um die Getränke von anderswo zu holen. Zurück kamen drei Mädchen, alle so um die zehn und elf. Ziemlich freche Gören mit neckischen bunten Kleidchen. Meine Tischgenossin wurde ganz eifersüchtig, da eines der Mädchen sehr gut Englisch sprach, viel besser als sie selbst, und ihr so die Show stahl. Sie versuchte die Mädchen zu verscheuchen, was ihr nur halbwegs gelang. Dies gelang dann etwas später einem angetrunkenen Alki-Pärchen, und die waren so gut im Verscheuchen, dass sie es mit ihrem lauten und mühsamen Geliere sogar schafften, auch mich loszuwerden. Ich müsse jetzt aber gehen, hätte ich doch morgen noch einen anstrengenden Tag vor mir. Die liebenswürdige und etwas scheu wirkende Frau, die in dieser Spelunke irgendwie am falschen Platz war, brachte mich noch zum Ausgang, schüttelte mir verlegen die Hand und meinte, wir sollten uns wieder mal treffen. Sollten wir, ja, das dachte ich auch. Und weg war ich.

Bolgatangas Kneipen sind also etwas lebhafter, und sei's auch nur, weil heute Samstag ist. Die aufstrebende Mittelklasse trifft sich da, also jene Schicht von Menschen, die das einfache Landleben hinter sich gelassen hat, die auch nicht wehmütig daran zurückdenkt, sondern schön brav den Verheissungen der Fernsehwerbung nacheifert, dummes Zeug labert und erst noch steif und fest daran glaubt, als wäre es esoterisches Wissen, wenn man sich am Morgen mit dieser oder jener Seife wäscht, sich die falschen Haare bürstet und sich fühlt wie im Vorzimmer des Paradieses. Unsere Mittelklasse verhält sich im Prinzip genau gleich, nur dass man sich bei uns mittlerweile mit ph-neutralen und reinpflanzlichen Produkten pflegt, steif und fest glaubt, damit gesünder zu leben, bewusster, und erst noch die Welt rettet dabei. Die Landbevölkerung stampft Fufu, die Mittelschicht stapft nur noch vor sich hin.

Jetzt weht dieser heisse Wind von Norden, von der Sahara, furchtbar, ich bin ganz entnervt, und der Himmel ist voller Staub aus der Wüste. Die Leute sind gereizt und ihre Krankheiten machen sich bemerkbar. Kopfweh, Gereiztheit, Fieber, Wetterfühligkeit. Das einzig Gute daran ist, dass meine Wäsche an der Leine schneller trocknet, da die Luftfeuchtigkeit sehr gering ist. So kann ich schnell zusammenpacken, wann immer ich will, und heute noch nach Tamale verreisen.

Die Wäsche habe ich heute morgen selber gewaschen, d.h. einfach in einen Kübel geworfen, etwas Omo dazu und dann für einen halben Morgen stehen lassen, und ab und zu ein bisschen drücken und wenden. Die Hotelangestellten haben nicht schlecht geguckt: ein Weisser, der selber seine Wäsche wäscht! Dabei ist ihnen erst noch ein Nebenverdienst – nein, wenn ein Weisser bezahlt, so ist das ein Hauptverdienst – durch die Lappen gegangen. Aber selber schuld sind sie: Nicht mal Wäsche waschen können die hier! Die sind imstande, dir die Hose mit Löchern zurückzugeben vom übermässigen Schrubben mit der Bürste. Was noch lange nicht heisst, dass sie dann auch sauber ist, da sie am Waschpulver sparen, statt dessen eine Seife gebrauchen, in welcher ausser der Kokosfettbasis keine schmutzlösenden Wirkstoffe enthalten sind. Sollten sie sich aber dennoch für das teurere Waschpulver entscheiden, so gehen sie trotzdem so vor, als ob es billige Seife wäre: Kaum haben sie die Wäsche im Eimer, schrubben sie minutenlang, und spülen die Wäsche dann nur kurz aus. So bekommt man die Kleider zurück mit vertrockneten Waschpulverresten, nicht sauber und erst noch kaputt. Alles schon passiert.

Moses habe ich kennengelernt, als ich vorgestern hier ankam und nach der strapaziösen Fahrt von Wa zuerst mal beim Busbahnhof in die Kneipe gegangen bin, um mir ein kleines Bier zu gönnen. Er setzte sich an den Nebentisch, auch mit einem kleinen Bier derselben Marke. *Star Beer, the best beer in Ghana!* So kamen wir zusammen ins Gespräch. Er lerne einen Job, er repariere elektronische Apparate, also Stereoanlagen, Videos, TV usw. Dabei wurde ich gleich an ein Geschäft erinnert: Könnte ich doch alte Anlagen aus der Schweiz einkaufen und sie hier unten wieder verkaufen, das soll ein gutes Geschäft sein, hat mir vor einem Monat ein *Suisse romand* in Accra gesagt, der eben mit dem Geschäft angefangen hatte. So sprachen ich mit Moses über die Idee und wir schmiedeten Pläne, wie wir dadurch reich werden könnten.

Heute morgen, Montag, habe ich mal wieder ein Muster an afrikanischem Zeitverständnis mitbekommen. Er werde mich um acht Uhr in der Früh abholen, damit wir zusammen in seinen Laden gehen könnten, wo er von 8–19 Uhr arbeite, damit ich einen Eindruck vom Geschäft, und was sie dort so für Waren hätten, bekommen könne.

Dass es die Afrikaner im allgemeinen und jetzt Moses mit der Zeit nicht so genau nehmen, das habe ich ja schon gewusst; er hat es mir schon gestern bewiesen, als er sagte, er werde mich am Morgen, es war Sonntag, abholen, damit wir zusammen etwas unternehmen könnten. Nachmittags um drei Uhr erschien er dann. Ich verzieh ihm, schliesslich war Sonntag, sein freier Tag, und dass man da auch mal ein bisschen faulenzt, konnte ich nur zu gut verstehen. Ich war ihm sogar dankbar für seine Verspätung, musste ich doch so nicht irgendwelchen touristischen Verpflichtungen nachgehen und hatte mehr Zeit, um mit den beiden jungen Frauen vom Hotel herumzualbern, was sicher mehr Spass machte, als in dieser Hitze irgendwo einem fadenscheinigen Touristenspass, einem kleinen Rinnsal, genannt Wasserfall, einem Loch in einem Fels, genannt Höhle, einer zerfallenen Moschee, einem kleinen Hügel, genannt Berg, einem portugiesischen Fort, einer Ruine oder einem Wrack nachzurennen.

So gegen zehn Uhr kam er endlich, obwohl er nach meinem Verständnis schon um acht Uhr bei der Arbeit hätte sein müssen. Zuerst gingen wir noch eine Cola trinken, er bestand darauf, ich aber wollte zu ihm ins Geschäft, wollte alles so rasch wie möglich hinter mich bringen, und im übrigen war ich auch schon wieder misstrauisch, da ich dachte, es gehe ihm bloss darum noch schnell gratis zu einer Cola zu kommen. Er aber, ganz Businessman, bezahlte die Soft-Drinks. Das passiert in Afrika selten, sehr selten, bis nie eigentlich. Es scheint, dass er aus gutem Hause stammt und gute Manieren hat. Schliesslich ist er ja auch ein Ashanti, also jenem Stamm angehörig, der hier in Ghana die Majorität stellt und auch im Geschäftsleben das Sagen hat. Die Ashantis haben schon vor 200 Jahren gut mit den Europäern zusammengearbeitet und ihnen Schiffsladungen voll von Sklaven verkauft, die sie den anderen Stämmen abgejagt hatten.

Sein Chef war noch immer nicht da. Mir war's recht, so hatte ich eine Hand weniger zu schütteln, musste einmal weniger interessiert und freundlich Antwort geben. Moses schien ein berühmter und beliebter Kumpel zu sein, vor allem jetzt, wo er mit einem Weissen umherstolzierte und mich überall vorzeigte. Von allen Seiten wurde er gegrüsst, von Männern mit Hemd und Krawatte, von anständigen Frauen, die einen

Laden haben, vielleicht einen Coiffeurladen oder eine Art Kiosk, und die ihm alle ihre kaputten Kassettenrecorder zum Reparieren anhängen.

Gestern abend haben wir bei einer Familie vorbeigeschaut, deren Videorecorder defekt war, defekt gegangen war, just in dem Moment als das Oberhaupt der Familie ihn am Tag vorher in ein Dorf mitgenommen hatte, um dort den Dorfbewohnern den Hollywoodschinken »Jesus« zu zeigen. Seine missionarische Tätigkeit konnte er, ganz Christ, aber nicht zu Ende bringen, weil, wie sich jetzt herausstellte, nicht der Videorecorder kaputt war, sondern er einfach den richtigen Kanal nicht gefunden hatte. Moses brachte das schnell wieder ins Lot. Die ganze Familie, Kinder, Tanten, Onkel usw., schaute ihm zu, und so hatte ich das Vergnügen, ein paar Szenen aus diesem historisch und auch sonst nicht ganz astreinen Epos mit ansehen zu dürfen. Was die hier alle mit diesem vor ungefähr 2000 Jahren gekreuzigten Juden haben, ist mir ein Rätsel.

Als ich nun hoffte, das ganze Händeschütteln hinter mir zu haben, da er doch endlich mit der Arbeit beginnen müsste, bestand er darauf, mich ins Hotel zurückzubringen. Auch das noch. Auf dem Rückweg gingen wir noch kurz in eine Bank, wo ein ganz wichtiger Freund von ihm arbeite. Dass er mich dann aber 30 Minuten in der Bank auf einem Sessel hat warten lassen, fand ich ganz cool. Denn die Bank hatte eine Klimaanlage und so konnte ich mich etwas abkühlen.

GESPENSTERBÄUME

Mittlerweile bin ich in Buipe und habe das Boot nach Akosombo verpasst. Das heisst, ich habe es nicht verpasst, es liegt noch hier im Hafen, aber es ist nicht das Boot, das ich eigentlich nehmen wollte. Ich wollte, wie es mein Reiseführer verspricht, ein gutes Passagierboot mit Restaurant, Klimaanlage und Einzelkabine. Darauf habe ich mich gefreut. Dabei hatte ich doch den richtigen Tag gewählt, und war zudem zur rechten Zeit am Hafen, ein Glücksfall in Afrika. Aber eben, ich bin am falschen Ort. Was hier im Hafen liegt, ist ein Cargo Boot, das zwar auch Touristen mitnimmt, Abenteuertouristen und solche, die es noch werden möchten, auf einer Ladefläche, ohne Coca-Cola und Bier.

Aber zurück zum Morgen: Ich habe mich also von den Mädchen im Hotel verabschiedet, wir haben noch schnell ein paar Fotos geschossen und noch ein paar Witze gemacht und die Show von gestern abend nochmals abgezogen. Ich machte diese Show, wo ich den Indianer mime, figurativ um ein imaginäres Feuer renne und typisch indianische Faxen mache, wie die Handfläche in schneller Folge auf den Mund klopfen und dazu ein Uuuuh ausstossend, dabei wild mit dem linken Arm schwingend und den Rumpf ruckartig nach vorn und hinten bewegend. Sie wissen sicher alle, was ich meine, wer hat nicht schon Filme dieser Art gesehen. Die junge Frau hatte es mir nachgemacht, und so hatten wir gestern abend viel zu lachen gehabt. Deshalb habe ich das heute morgen zum Abschied nochmals gemacht. So ist der Abschied, in dem ja, wie ein grosser Literat sagte, immer ein kleiner Tod enthalten sein soll, und den ich auch gespürt habe, etwas weniger traurig ausgefallen.

Dann das lange Warten im Bus, bis wir endlich losfuhren. Ein fliegender Händler nutzte die Gelegenheit, oder glaubte sie nutzen zu können, und stieg in den noch wartenden Bus, um da seine Allerweltsmedizin anzubieten: eine kleine Ampulle, gefüllt mit einer uringelben Flüssigkeit, wer weiss, vielleicht war es sogar Urin. Angeblich ein Wunderheilmittel, das gegen alles gut sein soll. Von Magenproblemen über Kopfschmerzen, von Menstruationsbeschwerden über Impotenz bis hin zur Prophylaxe gegen den Tod – so etwas, will ich gehört haben. Bevor er aber sein Heilmittel feilbot, rief er Jesus und alle seine Jünger auf, betete und predigte lautstark in den überfüllten Bus hinein, endete mit einem »Halleluja«, worauf die ganze Ladung des Busses mit einem im Chor gesprochenen »Amen« antwortete. Kein schlechter Einstieg zum Verkaufen, wenn die potentielle Kundschaft brav wie Gläubige in der Kirche dem Priester nachbetet. Das machen sie übrigens immer, die Busverkäufer. Wären sie aber richtige Prediger, so wäre ihnen der Erfolg sicherer, denn verkaufen tun sie, trotz den braven Chorchristen, wenig bis nichts bis rein gar nichts.

Dann die Strasse nach Tamale. Der totale Horror. Die Strasse war zwar asphaltiert, aber gerade das war das Schlimme. Wäre es nur eine Piste gewesen, so wie die Strecke von Wa nach Tamale, was eine gute Piste war, wo man gut und schnell fahren konnte, dann wäre das o.k. gewesen. Aber hier war die Strasse geteert, alt und mit vielen Löchern, die so tief waren, dass wir nur im Schneckentempo fahren konnten. Und es schepperten die Fenstergläser, und es schüttelte der ganze Bus, der ohne Stossdämpfer, vor sich hin ratterte, so dass alles schüttelte und vibrierte. Die hübschen Wangen des Mädchens neben mir vibrierten, dass es eine Freude war zuzuschauen, und das Fett des Bauchs vom Typen neben mir waberte, dass es einen grauste. Sogar der Hals der Frau vor mir schüttelte sich im Takt zum Rattern des Busses. Alles, was nicht niet- und nagelfest angemacht war, nahm teil im Orchester der Rüttel- und Schüttelorgie. Das Fenster direkt neben meinem rechten Ohr schepperte die ganzen fünf Stunden lang. Ich hatte Angst einen Gehörschaden zu bekommen. Und meine Hirnzellen wurden auch durcheinandergewirbelt, so dass sich die Neurotransmitter ganz nervös und irritiert in die Synapsen ergossen, um neue Kombinationen der Erinnerungen zu produzieren. So schweifte ich wieder ab, da mir die Landschaft in ihrem kargen Gelb langsam öde vorkam.

Und staubig war's. Ich hatte während der Fahrt sicher 100 Gramm Staub geschluckt, da man die Fenster wegen der Hitze offen lassen musste. Alles war staubig. Der Horizont und der ganze Himmel waren gelblich vom Sand der Sahara, vom Hamedan. Die Landschaft hatte den gleichen Ton, auch dieses Gelblich-Bräunliche von dürrem Gras und ausgetrockneten Büschen. Auch die Lehmhütten waren Ton in Ton mit dem Rest der Umgebung.

Lehmhütten, die in den Büchern über Afrika so genannt werden, sind in Wirklichkeit gar keine Lehmhütten, sondern Erdhütten, aus ganz normaler Erde gebaut, mit Wasser zu Vierecken geformte Erde, gehärtet von der Sonne und dann aufeinander geschichtet, bis sie eine Mauer, ein Haus abgeben, das, kaum ist es gebaut, der Witterung, dem Wind und dem Regen ausgeliefert, langsam zerbröckelt, so dass das ganze

Land wie eine grosse Ruine ausschaut. Besonders jetzt, wo alles in diesem Einheitsgelb gebräunt ist.

Die Strasse und der von ihr aufgewirbelte Staub sind auch Ton in Ton mit dem Rest der Welt. Es ist wie bei uns, wo an einem typischen Wintertag alles grau in grau ist, nur ist hier alles gelbbraun in gelbbraun. Die Afrikaner passen übrigens genauso gut mit ihrem schwarzbraunen Teint zum Hintergrund, wie wir mit unserem weissgrauen in unser Klima passen.

Vor Tamale wurde es besser. Die Strasse war plötzlich perfekt. Aber richtig perfekt. Mit Beschilderungen und Zeichen auf dem Asphalt wie auf der Autobahn von Bern nach Zürich. Schnell waren wir im Zentrum. Ich stieg aus. Wieder mit dieser Schicht Staub überzogen, gepudert wie Max und Moritz vor ihrem nahen Ende.

Zu Fuss durch Tamale oder auch durch eine andere Provinzstadt Ghanas, da gibt es kein Entfliehen. Nur ein Davonlaufen, ein Abschleichen. Von allen Seiten fühle ich die Blicke auf mir. Die Kinder sind zwar manchmal frech aber am ehrlichsten und grüssen mich schreiend wie Kinder eben zu grüssen pflegen. Die Erwachsenen zischen einem manchmal einfach nach, so wie man bei uns einen Hund verscheucht. Und grüssen sie einen ganz freundlich, so ist höchste Alarmbereitschaft angesagt. Normalerweise kommen sie innert kürzester Zeit zur Sache. Manchmal fangen sie auch gleich, ohne Zeit mit einem Gruss zu verschwenden, damit an: Gib mir deine Uhr! Gib mir deine Adresse! Nimm mich mit in die Schweiz! Bezahle mir eine Cola! Ich will dein bester Freund sein! Gib mir Geld! Alles im Imperativ.

Tagsüber geht das ja noch, da kann man die Situation abschätzen, unter Tageslicht sich im Schutz der Allgemeinheit davonmachen. Nachts aber, wenn die Strassenbeleuchtung fehlt, die Häuser nur notdürftig von innen ein Licht nach aussen strahlen und die einzigen Lichtquellen von ein paar 25 Watt Birnen bei Strassenständen ausgehen und man von den Menschen nur das Weisse der Zähne und der Augen sieht, ist man ihnen richtig ausgeliefert. Haben sie gar etwas Alkohol getrunken, so gibt's für die keine Grenzen mehr. Da wird gefaselt, gespuckt, palavert, angemacht, angefasst, da werden Aggressionen ausgelebt, Aggressionen, die aber nicht aufgestaut sind wie etwa bei uns, sondern Aggressionen, die einfach als reinster Trieb herauskommen. Aber man braucht keine grosse Angst zu haben, da die Aggression schnell ausgelebt wird. Aber es geht einem trotzdem auf die Nerven.

Ich verspürte also kein Interesse, in Tamale zu bleiben. Lieber wollte ich aufs Land, beziehungsweise auf dem schnellsten Weg zum Binnensee, dem Voltasee, um das Boot nach dem Süden zu bekommen. So fragte ich mich auf dem Busbahnhof durch und wurde dann auch zu einem Trotro gewiesen.

Und dann begann gleich der nächste Alptraum. Bis der Kleinbus nur halbwegs gefüllt war, verging über eine Stunde. Plötzlich jedoch gab es Leben im Bus, und es kam irgendein blau uniformierter, kleiner Schnösel und setzte sich neben mich auf den Vordersitz, und wir fuhren zu einer anderen Busstation. Dort wurde unser Fahrer von dem Uniformierten mitgenommen. Er sei verhaftet, hiess es, da er nicht das Recht gehabt habe, dort am anderen Busbahnhof Passagiere zu laden. Dass die Polizei aber wartete, bis der ganze Bus mit Reisenden gefüllt war, damit auch alle etwas davon hatten, das war wirklich nett. Dann war plötzlich Zeit fürs Nachmittagsgebet, was auch die Verhaftungsgespräche verzögerte, da die ganze Polizeimannschaft sich gegen Mekka wandte und den Verhafteten für ein paar Minuten in ihrer Mitte mitbeten und einen guten Moslem sein liessen. Dann, nach einer weiteren halben Stunde, kam er wieder raus, und eine grössere Autorität, eine Art Vaterfigur, diesmal nicht in Uniform, sondern mit einer muslimischen Kopfbedeckung, fuhr mit. So ging es zurück zur Ausgangsstation, wo wiederum lange palavert wurde, um dann nochmals zurück zur anderen Station zu fahren. Ein endloses Hin und Her. Nach etwas über *drei* Stunden Verspätung war es dann soweit: Wir fuhren los, und ich fand gerade noch Zeit genug, ein Eiswasser zu kaufen, eine ungeniessbare trübe Sauce leider, die ich sogleich wieder wegwarf.

Morgentoilette in Afrika. Morgentoilette in der Öffentlichkeit. Zähneputzen vor dem Haus, so dass auch alle Vorbeigehenden einem einen guten Morgen wünschen können. Morgenurinieren irgendwo, ein paar Meter vor dem Haus, Frauen wie Männer, gar im Innenhof an die Mauer, direkt neben der Feuerstelle, wo jemand gerade Wasser aufsetzt. Oder einfach in die Dusche, ohne dass aber ein Zwang zum Duschen bestehen würde. Für Erwachsene ist das Scheissen schon etwas komplizierter; wenn nicht gerade ein naher Busch da ist, so muss man sich schon zum stinkenden Scheisshaus bemühen. Die Kinder haben da noch keiner Regel zu folgen und können dahin scheissen, wo sie gerade stehen.

Geschlafen hatte ich gut. Mit Moskitonetz, das erste in Ghana, das mir zur Verfügung gestellt wurde. Bis zum Morgen ist es sogar empfindlich kühl geworden, so dass ich mich in das Leintuch rollen musste. Dann hatte ich schon mal das Schiff begutachtet. Es gefiel mir gar nicht. Trotzdem, es war hier und war wohl zur Zeit die beste Möglichkeit, in den Süden zu kommen. Ein holländisches Touristenpaar hatte schon diese Nacht auf Deck geschlafen, sie lagen noch unter ihrem Netz in ihren Schlafsäcken, als ich kam, waren aber schon wach, lagen nur noch so da, weil's nichts anderes zu tun gab.

Ein typisches Reisepärchen mit dem *Lonely-Planet*: sie Mitte zwanzig, mit kleinen Haarzöpfchen, wie man sie hier zu tragen pflegt, die sie in Holland, so wie ich sie einschätzte, sicher so schnell wie möglich wieder in die übliche westliche Haartracht umtauschen wird. Sie nimmt es ganz genau mit ihren Äusserungen und Urteilen, versucht ja keine Fehler zu machen, alles wird wohlüberlegt und politisch korrekt in ihr Weltbild eingepflanzt. Eine durchschnittliche Westeuropäerin, gut gebildet, qualifiziert, wie man bei uns so schön sagt, aber ansonsten ... sie nimmt es halt schon etwas allzu genau. Und ihr Freund erzählt die ganze Zeit, wie wenig sie ausgegeben hätten, als ob Sparen der Hauptzweck ihrer Reise wäre.

Warten, warten, warten. Das ist Afrika. Es ist jetzt kurz nach fünf Uhr nachmittags. Vorher, als ich durstig war und Lust auf ein Bier hatte, ging ich, da es auf dem Schiff nichts zu kaufen gibt, kurz in den Ort, um ein Bier zu trinken. Ich fragte einen Matrosen, wann wir denn endlich starten würden. So gegen Morgen, meinte er, vier Uhr in der Früh. Eigentlich hätten wir ja schon heute morgen um elf Uhr auf Stausee stechen sollen. Als ich einen anderen Schiffsmann fragte, wann es denn losgehe, meinte der, jeden Moment, ich solle mich beeilen, wenn ich noch ein Bier trinken gehen wolle, und falls ich das Horn höre, solle ich mich sputen, ansonsten ich Pech gehabt hätte.

Mit dieser Angst, das Schiff zu verpassen, ging ich dann in den Ort, um mir noch schnell ein kühles Bier zu genehmigen. Keine gute Stimmungsgrundlage für ein gemütliches Bierchen, wenn man ständig die Angst im Nacken verspürt, das Schiff mit all seinen Habseligkeiten darauf zu verpassen. Ich war nur mit kurzen Hosen bekleidet und hatte etwas Kleingeld bei mir. Ich ging in das Hotel, wo ich letzte Nacht geschlafen hatte, und bestellte mir dort ein kühles Bier. Das tat gut. Da sassen ein paar Typen rund um einen Tisch, die Essen bestellt hatten, ein reichhaltiges Essen, um das Ende des Ramadan zu feiern. Es war ihr grosser Festtag, wo sie endlich wieder bei Tageslicht essen durften. Ich wurde gar eingeladen, ein paar Stücke Kuhfleisch wurden mir gereicht, ich aber wies es von mir, da ich erstens nicht so sehr auf Kuhfleisch stehe, und zweitens habe ich heute morgen den Leuten kurz beim Schlachten eben dieser Kuh zugeschaut.

Lieber esse ich Chicken. Wenn was dran ist. Aber meistens bestehen die ja nur aus Knochen. Vorgestern abend kaufte ich ein halbes gebratenes Hähnchen für 1500 Cedi. Schweineteuer, wenn man bedenkt, dass der Durchschnittsverdienst bei 30 Tausend im Monat liegt. 1500, das ist mehr als ein Tagesverdienst. Und was war dran? Knochen, Knochen, Knochen und dazwischen Haut und etwas Fleisch. Wenigstens kein Fett. Das meiste hat dann ohnehin die viel zu magere Katze gefressen. Die Knochen, meine ich.

In der Nacht um ein Uhr ging es endlich los. Die Holländer haben mich freundlicherweise unter ihr Moskitonetz gelassen.

Leider nicht auch auf ihre Matratzen. So musste ich auf dem Boden schlafen. Auf dem blanken Stahlblechboden! Krupp-Stahl. Ich kam kaum zum Schlafen. Als dann um ein Uhr in der Nacht die Motoren zu dröhnen anfingen und der ganze Krupp-Stahlblechboden aus Deutschland auch noch zu vibrieren begann, war's mit dem Schlaf und dem Frieden total vorbei. Ich stand auf und schaute dem Manöver zu. Später kroch ich wieder unters Netz und fand noch etwas Halbschlaf.

Endlich wurde es Morgen. Dunst lag über dem See. Ich stand auf. Ohne Rückenschmerzen, komischerweise. Überhaupt habe ich fast nie Rückenschmerzen hier auf der Reise, obwohl ich mal auf harten Unterlagen, dann wieder auf allzu weichen schlafe, dann wieder auf solchen, wo man wegen der grossen Zwischenräume im primitiven Holzrost beinahe ins Bett hinein fällt. Zu Hause probierte ich doch alles mögliche aus: Futon mit extra Latex, umhüllt mit ausgewählter Schafwolle und gereinigter Baumwolle, alles in schöne Stoffe genäht. Japanisch schlafen. Alles habe ich versucht. Auf Tatamis, auf dem blanken Holzboden, auf einem Lattenrost, mit extra flexiblen Scharnieren. Hat alles nichts genützt. Wenn ich Rückenschmerzen haben wollte, so hatte ich es einfach.

Ich stand also auf und ging auf die vorderste Ladefläche des Kahns. Wir befanden auf einem sogenannten Schieber, einem Maschinenboot, welches die anderen drei Ladeboote vor sich hinschiebt.

Zuvorderst angekommen, herrschte Stille. Eine andere Welt als auf dem vibrierenden Stahlblechboden, wo die Motoren unter einem dröhnen. Nur das Gleiten im Wasser war zu hören, die Landschaft zog dazu still vorbei. Kleine Dörfer zogen vorbei. Lehmhütten mit Strohdächern. Ziemlich primitiv alles.

Aber dafür um so malerischer. So ist sie, die Welt: je einfacher, desto malerischer. Keine Elektrizität. Nicht mal Strassen habe ich gesehen. Eine ziemlich flache Landschaft, nur vom See durchzogen, der hier noch mehr Fluss als See ist, und kleine, grüne Hügel dem Ufer entlang. Plötzlich gingen wir an Land. Wir fuhren einfach mit der vordersten Ladefläche auf Grund.

Zwei Kühe wurden aufgeladen. Die eine rannte zuerst davon, ohne dass jemand etwas unternommen hätte, obwohl alle zugeschaut hatten, wie sie sich langsam aus dem Staub machte. Bis sie die wieder eingefangen hatten, verging einige Zeit. Dann liess sie sich nicht auf die Rampe führen, sträubte und wehrte sich. Als sie endlich oben war, sprang sie vom Schiff wieder ins Wasser, ertrank beinahe, da der Strick um ihren Hals schon am Schiffsgeländer angebunden worden war. Schnell wurde er wieder gelöst, damit die Kuh an Land gehen konnte. Beim zweiten Versuch klappte es dann. Zwei Kühe. Wohin die wohl transportiert wurden und wozu? Eine Heirat? Eine Frau in einem anderen Ort gegen zwei Kühe? Weiter ging's, und ich genoss wieder den stillen Morgen für mich alleine. Dunst lag noch über der Landschaft, mystisch wirkte alles, wie auf diesen gemalten chinesischen Bildern mit den Bergen, und es war kühl.

Etwas später gingen wir nochmals an Land. Da warteten über 50 Kühe auf ihren Abtransport. Wenn das wieder so lange geht wie bei den beiden Kühen vorher, mein Gott, dann sind wir ja morgen noch da, dachte ich mir. Nicht, dass man etwa gleich mit dem Laden angefangen hätte. Zuerst wurde wieder lange palavert und die bestmögliche Variante ausdiskutiert. Es hatte keinen Platz mehr auf dieser Ladefläche. So wurde die eine Ladefläche abgekoppelt, und die anderen beiden wurden an Land geschoben.

Dann kam das Aufladen der Ware. Da wurde gezerrt, geschlagen, gestossen und angehoben. Aber die Kühe wollten einfach nicht. Wenn das Tierschützer vom WWF gesehen hätten, wären die gleich mit Helikoptern und CNN hier angeflogen gekommen, um die Kühe zu filmen und zu retten. Bei der Gelegenheit hätten sie gleich noch die neue tierfreundliche Weltordnung in Afrika eingeführt.

Schon über eine Stunde war vergangen, die Kühe wehrten sich immer noch hartnäckig, wenige erst waren auf der Ladefläche. Komisch, dass die kein besseres System haben – ich nehme an, hier werden nicht zum ersten Mal Kühe verladen. Wie gesagt, erfinderisch sind sie nicht, sie tun die Sachen halt so, wie sie es immer tun und immer schon getan haben.

Der beissende Geruch der Scheisse und Pisse der Kühe weckte mich auf. Noch nie habe ich solchen Kuhgestank gerochen, und ich bin doch auf dem Land aufgewachsen. Es stank fürchterlich, als ob es Angstscheisse wäre, Angst vor der nahen Schlachtbank, die immer näher rückte. Wenn man gestern gesehen hatte, wie die Kühe sich wehrten, als sie auf das Schiff geladen wurden, wenn man sah, wie jede einzelne mit einem Strick herangezerrt wurde, dann wunderte man sich nicht mehr über diesen Angstgestank. Jede einzelne versuchte ihrem Schicksal zu entkommen, bald nach rechts, bald nach links ausbrechen wollend, doch chancenlos. Die Cowboys zogen am Strick und prügelten sie zur Schiffsrampe. Bis die Kuh dann endlich aufgab und sich, willenlos geworden, hinaufheben liess von zigfacher Manneskraft, sich heraufzerren liess auf die Rampe, wo sie einfach liegenblieb, bis sie, von einem

Cowboy in den Schwanz gebissen, vor Schmerz aufsprang und beinahe den Halt verlor auf der schiefen, glitschigen Rampe, um sich, plötzlich ganz ruhig geworden, anbinden zu lassen. Stoisch und mit grossen Kuhaugen standen sie dann da, keinen Laut mehr von sich gebend, ihrem Schicksal ergeben, es geduldig abwartend, so, als dächten sie, es wäre jetzt nicht mehr ihre Schuld, nicht mehr in ihrer Verantwortung, abgeschlachtet zu werden. Das schlechte Karma gehe jetzt voll und ganz auf das Konto der Menschen, die es nach den Gesetzen von Ursache und Wirkung selber auszubaden hätten. Fünf Stunden hat die ganze Prozedur gedauert. Es war schlimm. Sehr schlimm.

Vier Uhr morgens. Die zweite Nacht auf dem Schiff. Schon etwas bequemer als die erste. Ich musste nicht mehr draussen auf dem blanken Stahlblech schlafen, sondern bekam von einem Maschinenmann eine Schaumunterlage, aber ohne ausgewählte Schur-, oder Baumwolle. Nicht mal eingenähtes Kamelhaar, sondern einfach bloss billiger Schaumgummi. Er verfrachtete mich unten neben den Maschinenraum in eine kleine Kammer. Dort war es so heiss und so stickig und so laut von den nahen Maschinen, dass ich es nur bis Mitternacht aushielt, denn nur bis Mitternacht hielt die Wirkung des Alkohols an, vom Bier, das wir vorher in Yetji an Land getrunken hatten. So nahm ich also meinen Schaumgummi und ging hinaus auf Deck und tauschte die Hitze und den Lärm gegen etwas Wind, Gestank und Insekten. Ich konnte es mir wenigstens noch aussuchen.

Und diese Bäume gestern, als wir den Nachmittag auf der vordersten Ladefläche verbrachten, dem ruhigsten Punkt, wo nur das Gleiten des Schiffes und das Rauschen des Wassers zu hören sind. Dieser Geisterwald. Kilometerlang. Bizarr standen diese überfluteten Bäume im Wasser. Stämme, dürr und tot, ohne Zweige. Einfach nackte Äste und Stämme ragten aus dem Wasser. Ein Skelettwald. Es sah gespenstisch, mystisch aus, wie wir so durch diesen Wald glitten, der früher, vor 30 Jahren, noch lebte, als hier noch Land war, Leute wohnten und Leben herrschte. Das Ufer rückte nun immer weiter weg. Der See war grösser, weiter geworden. Und in der Mitte des Sees, dort, wo die Schiffe fahren, waren keine Bäume. Der Präsident habe extra mit Maschinen eine Schneise in den See schneiden lassen, für die Schiffahrt, habe die Bäume geköpft, weggeschnitten. Es sah aus wie in einem Film von einem anderen Planeten, und wir waren die Schauspieler. Diese toten Gespensterbäume, Boten aus einer anderen Zeit.

Die Fahrt wurde langsam langweilig. Immer mehr Passagiere stiegen zu, und der Gestank der Kühe war je nach Wind beissender und unerträglicher denn je. So gingen wir wieder auf das Vorderdeck, das mittlerweile leider ziemlich überfüllt war. Es hatte auch dort Kühe, und neuerdings auch Schafe. Sogar Hühner waren irgendwo unter einem Rettungsboot auszumachen. Ein Auto war zwischen all dem geparkt. Und überall diese Typen. Es war nicht mehr so komfortabel und privat wie gestern noch. Dafür hatten die Holländer jetzt ihr Publikum.

Anneliese hatte eine Horde Männer um sich geschart, sass mit gekreuzten Beinen vor einem geparkten Bagger auf dem Boden, und Peter ihr Freund sprach etwas weiter vorn ganz ernst mit einem Jungen. Lehrerhaft, altklug und erfahren. Die Leute frassen ihnen aus dem Mund. Er erklärte gerade die

Unterschiede zwischen Holland und Ghana. In Holland sei alles möglich, sagte er ganz stolz, sogar dass zwei Männer zusammen heiraten könnten. Der Cowboy staunte ungläubig. Dann beklagte der Holländer sich aber über die zerfallenden Familienverhältnisse in Holland und wie gut sie es doch hier unten hätten, wo die Familie, die Grossfamilie noch intakt sei. Trotzdem, er war stolz auf die Freiheiten des Westens, insbesondere die progressiven Freiheiten Hollands, die sich bei näherem Hingucken zwar auch nur als die Freiheit zur legalen Abtreibung und zum legalen Drogenkonsum entpuppt.

Ein paar Meter davon entfernt beklagte sich seine Freundin gerade über den übertriebenen Bürokratismus in Holland und wieviel einfacher es doch in Ghana sei, wo man noch frei und mit dem gesunden Menschenverstand Situationen angehe und Entscheidungen treffe. (Die war wohl noch nie hier auf der Immigration, ging es mir durch den Kopf.) Sie betrieben beide wacker Aufklärungsarbeit, und mein Gemüt verdunkelte sich zusehends ob so viel grobschlächtiger Philosophie, während ich zwischen den beiden Szenen hin- und her pendelte und immer wieder etwas Absurdes aufschnappte.

Die Unterschiede zwischen der Elfenbeinküste und Ghana durfte der junge Ghanaer jetzt aus erster Hand erfahren: Die Ghanaer seien cleverer als die Menschen an der Elfenbeinküste, da sie vierrädrige Karren zum Schieben hätten und somit nicht so viel Manneskraft vonnöten sei wie an der Elfenbeinküste, wo die Reissäcke auf nur zweirädrige Karren aufgeladen würden und man so noch zusätzliche Kraft zum Ausbalancieren des Wagens bräuchte! Mit dieser Einsicht waren sie dann beide glücklich: Die Ghanaer hatten zwar etwas weniger

Geld, waren dafür aber cleverer. Und der Holländer durfte der Welt endlich mal zeigen, wie aufgeklärt er ist.

Ich denke, die lieben Europäer glaubten beide selber daran, was sie da erzählten. Ich nehme an, dass sie einfach ihre Weltbilder zusammenhalten, dringend den Status quo aufrechterhalten, ihn vor dem Einfluss der an Bord herrschenden Zustände schützen mussten. Man muss verstehen: Da war eine Horde naiver und abergläubischer Cowboys, da waren die Mädchen, die einen weissen reichen Mann suchten, da war eine Mutter, der schlecht war und die trotzdem ihr Kind an der Brust säugte, da waren die beiden Ingenieure des Schiffes, die haarsträubende Stories erzählten, da herrschte ein Durcheinander, ein Chaos von verschiedenen Hoffnungen und Weltbildern an Bord. Da kann ich mir durchaus vorstellen, dass gut ausgebildete, oder sagen wir mal besser überqualifizierte Europäer langsam um die Sicherheit und Unbeeinflussbarkeit ihres mit so viel Mühe, Not und Entbehrungen aufgebauten Weltbildes bangen mussten. All diese Einflüsse waren im dritten Tag schwanger und multiplizierten sich gegenseitig. Kein Wunder, dass da die einzelnen Glaubensrichtungen langsam ins Schwanken, vielleicht gar ins Kippen zu geraten drohten, und da mussten die Aufgeklärten sich und die andern doch aufklären, damit alles klar blieb. Klar doch, oder?!

So besteht jeder, der etwas auf sich hält, und jeder, der an die unumstössliche Wahrheit seines Weltbildes glaubt, auf seinem Standpunkt, den er mit viel Worten zu untermauern und zu verteidigen versucht. Der Christ bleibt gläubig. Der Rationalist bleibt analytisch. Die Mutter gibt ihre Brust. Der Ingenieur hofft auf einen besser bezahlten Job irgendwo in der Welt. Das junge Mädchen bleibt keck, und der Kapitän steuert seinen Kurs. Die beiden Holländer schwören auf die Freiheiten Hollands, auf das clevere Ghana und auf die vierräderige Elfenbeinküste und vor allem auf die exakten Wissenschaften.

Und die Landschaft gleitet vorbei, die niedrigen Hügelzüge am Horizont verschwinden langsam im Dunst. Die schnelle Dämmerung lässt die Konturen ineinander fliessen und neue mystische Gebilde entstehen, und die Grenzen des Horizonts rücken immer näher. Versinken endlich im Schwarz der Nacht.

GLOBALISIERUNG

Eine Insel gleitet im Morgendunst vorbei. Langsam taucht sie aus dem Nichts, dem Dunkel, der Dämmerung auf. Das Wasser fliesst in meinen Augen, fliesst in meinen Ohren ... Ich wache auf, es ist sechs Uhr morgens. Mein Nachtlager habe ich diesmal direkt am Wasser aufgeschlagen. Die Ladefläche hat auf dieser Seite kein Geländer. Zwei grosse, runde Stahlsockel, wo die Stahlseile angemacht sind, um die Kähne aneinander zu befestigen, schützen mich vor einem Sturz ins Wasser. Die Natur kündigt den tropischen Gürtel an. Die gelbrötliche Buschvegetation gleitet langsam ins Grün der Tropen über. Vereinzelte Palmen tauchen auf. Grüne Inseln mit Dörfern aus Lehmhütten. Vor 30 Jahren waren die noch auf dem Festland. Sie sind zu Inseln gemacht worden von Menschenhand, von weissen Ingenieuren. So wurden aus den Festlandbewohnern Insulaner. Statt des Busses oder des Fahrrads nehmen sie jetzt ein Schiff, um in die Zivilisation zurückzukommen.

Regenwald. Akosombo. Heiss und schwül und grün. Üppige Vegetation. Endlich wieder mehr Angebote zum Essen auf dem Markt.

Die Holländer habe ich hinter mir gelassen. Zuerst gingen wir zusammen, nach längerem Zögern, das wir jedoch mit Eisschlecken und Herumalbern verbrachten, in ein etwas abgelegenes Mittelklassehotel, mit nettem Garten und Bar. Doch es war praktisch ausgebucht. Es gab nur noch ein Zimmer mit Ventilator. Die andern freien Zimmer hatten alle Klimaanlage, was mir nicht passte und auch zu teuer war, um eingesperrt zu sein in einer Touristenfalle und weg vom Leben im nahen Ort. Das war meine Chance abzuhauen und die beiden ihrem Schicksal zu überlassen. Ich ging also zurück zur drei Kilometer entfernten Busstation, nach Atimpuku, wo sich eine grosse, von Australiern gebaute, Hängebrücke aus Stahl über den Volta schwingt. Dort gibt es Stände, die Essen und Bier anbieten, Bars und internationale Drinks. Genau das richtige nach dem kargen Leben auf dem Schiff. Ein Hotel habe ich auch gefunden, günstiger und ebensogut wie die Touristenfalle, nur mit mehr Charme.

Zuerst bestellte ich mal ein Bier, obwohl ich Lust gehabt hätte, zu duschen. Aber es wartete bereits das nächste Paar, im Hof der Hotelbar Bier trinkend, auf mich. Deutsche, die schon seit längerem in Ghana wohnten. Noch ein Bier, und ein bisschen Quatschen mit den beiden. Später ass ich Fufu mit Ziegenfleisch, trank ein Eiswasser dazu, dann aber ab ins Hotel, dem Wasser, der Dusche entgegen. Duschen, Kleider waschen.

Später habe ich die Holländer nochmals im Ort getroffen, als sie auf Einkaufstour waren. Wir tranken noch eine Cola zusammen, doch unsere Wege hatten sich schon getrennt. Wir gaben uns schon nicht mehr grosse Mühe, einander zu unterhalten und ein Gespräch zu führen. Ziemlich schnell und gleichgültig verabschiedeten wir uns voneinander.

Abends genehmigte ich mir zusammen mit dem deutschen Paar noch einen Brandy. Die Frau führt und besitzt ein Geschäft in Accra, welches Zementsteine herstellt. Damit beliefert sie die Baufirmen in der Umgebung. Ein gutes Geschäft, wie sie mir versicherte. In Ghana werde jetzt gebaut wie verrückt. Ihr Mann ist gerade daran, eine Hühnerfarm aufzubauen, mit Küken und Antibiotika angereichertem Futter aus Deutschland, damit sie nach europäischer Art schön aufgehen wie Hefeküchlein. Beide mussten aber ihr Lehrgeld bezahlen und verloren viel Geld, das sie in eine Anlage mit Kino, Restaurant, Bar und Disco in der Nähe von Accra gesteckt hatten. Der Ghanaer, der ihnen vertrauenswürdig vorgekommen war, nicht zuletzt auch weil er 22 Jahre lang in England gelebt hatte, zockte sie voll ab, nahm ihnen den ganzen Besitz weg, sagte dann einfach, sie hätten es ihm geschenkt. 200'000 Mark wollen sie da verbraten haben. Der Prozess am Gericht in Accra sei jetzt schon im zweiten Jahr, doch sie hätten gute Chancen zu gewinnen, und wieder an ihr Eigentum zu kommen.

Schon wieder eine jener Stories, wo Weisse reingelegt worden sind, als sie hier im Ghana investierten oder ein Geschäft aufmachen wollten. Dies scheint eine Regel zu sein in Afrika und nicht nur in Ghana, wie ich mir von vielen Seiten haben sagen lassen. Und das, obwohl der ganze Kontinent nur deswegen einigermassen funktioniert, weil Weisse ihre Hände und das Geld mit im Spiel haben. Wenn die Weissen sich von Afrika zurückzögen, bräche hier alles zusammen. Beispiele haben wir ja genug.

Bohrbrunnen mit gutem Trinkwasser werden von den Entwicklungshilfegeldern finanziert. Dämme, Strassen, Spitäler von internationalen Geldern. Einerseits bewundern und brauchen die Afrikaner uns, andererseits aber zocken sie uns bei jeder sich bietenden Gelegenheit ab.

Das Ammenmärchen vom von bösen Weissen ausgebeuteten Schwarzen, der, hätten wir ihn nicht gestört, immer noch sein natürliches und glückliches Leben führen würde, das alles ist humanitärer, christlicher und heuchlerischer Kitsch. Im Gegenteil: Die Weissen, allen voran die Nordländer, inklusive die Amerikaner und die Japaner, könnten einem leid tun. Wie die sich abrackern, den ganzen Tag funktionieren, die ganze Woche, das ganze Jahr über das System aufrechterhalten, unterbrochen nur von Fernsehen, Alkohol oder anderen Drogen und einem Monat Ferien in fremden Landen, wo sie dann versuchen auszuruhen, sich zu entspannen von der funktionalen Hetzerei und der Versklavung im industriellen Alltag, in Wirklichkeit aber weiterhin gehetzt werden vom System, von Effizienz, von Maschinen und Elektronik.

Die Industrienationen und ihre Einwohner verdienen Geld, machen Geld, arbeiten, stellen ganz Afrika, und der sogenannt Dritten Welt überhaupt, Maschinen und Kapital zur Verfügung, installieren alles auch noch selber und halten es instand. Während die nur die hohle Hand machen, herumsitzen und warten, bis die nächste Katastrophe kommt, aus deren Gestrüpp sie der reiche Mann aus dem Norden wohl wieder befreien wird. Sonnengebräunte Südländer und Schwarzafrikaner nützen den Norden aus, leben von dessen Naivität, an das globale System zu glauben. Ein System, wo die Weltbank den sogenannt armen Ländern Geld gibt, damit die dann die Produkte der internationalen Firmen kaufen können. Die Dummen sind die Arbeitnehmer aus den sogenannt reichen Ländern, die als Lohn horrende Mieten, hohe Krankenkassenprämien, Steuern und Sozialabgaben und die Vertröstung auf das Rentenalter hinnehmen müssen und mit aufwendigem Konsumgüterscheiss abgefertigt werden. Zugute kommt das ganze eh nur einem fiktiven Grosskapital. *Shareholder Value.*

Und sie, die andern, was machen die in der Zeit? Einfach faul herumsitzen und ihre Familien vergrössern, die Tage vertrödeln, ohne auch nur im geringsten ein schlechtes Gewissen dabei zu haben, und den nördlichen Arbeitnehmern einfach die Arbeit und die Verantwortung überlassen. Während viele von denen nur schon ein schlechtes Gewissen haben, wenn sie einmal ein paar Minuten zu spät zur Arbeit kommen oder den Zug verpassen. Werden sie mal ein bisschen krank, so ist das schon eine mittlere Katastrophe. So sehr plagt sie das Gewissen, dass sie gar in abstrusen esoterischen Theorien grübeln, *Krankheit als Weg. Was will uns diese Krankheit sagen?* oder *Was machen wir falsch, damit uns der Körper so grausam bestraft?* Moral und schlechtes Gewissen, wo man hinschaut. Und die andern sitzen einfach rum, lassen sich von den versklavten Arbeitnehmern der Industrieländer die angenehmen Seiten der technischen Errungenschaften installieren und kassieren erst noch ab, wenn die mal ihre wohlverdienten Ferien bei ihnen verbringen wollen. Kassieren zweimal sozusagen. Einerseits gehen sie der EU und dem Norden an die Kassen und andererseits zocken sie die Nordländer im Urlaub noch einmal ab.

Ich weiss, so zu denken, wird nicht jedem und allem gerecht. Trotzdem kommt man nicht drum herum, auch diesen Aspekt einmal genauer unter die Lupe zu nehmen. Denn dieser Blickwinkel trifft im Prinzip uns und nicht die Afrikaner, da er *uns* zu Sklaven unseres blinden und absurden Glaubens an die immerwährende Erhöhung des Bruttosozialproduktes, also zu Sklaven unseres Systems macht. Schlimm für uns, oder nicht, wenn wir die Sklaverei plötzlich nicht mehr in die armen Neger aus Afrika projizieren können.

Später ging ich noch einmal in den Ort, um etwas zu essen zu kaufen. Unter freiem Himmel wurde eine Messe gefeiert. Eine Masse von uniformierten Gläubigen mit weisse T-Shirts, wo der Name der Kirche wie eine Reklame aufgedruckt war, sass auf Holzbänken wie auf einem Wald- und Wiesenfest im Sommer in Europa. Vorne auf einer kleinen Bühne schrien ein Mann und eine Frau irgendwelche Slogans ins Mikrophon, hetzten sich gegenseitig auf zu immer mehr Glaubensbekenntnissen. Dann fing eine kleine Band zu spielen an, zwei Gitarren und ein Trommler, und die Gläubigen sangen im Chor, standen auf und gingen langsam hintereinander her, wippend, die Schultern rollend, tanzend, wie bei uns an der Fastnacht.

Eine Gläubige in dieser Uniform mit weissem Kopftuch, das sie noch alle zu dem T-Shirt trugen, machte sich an mich heran, vollbusig, und wollte mir das Geplapper übersetzen. Ich lehnte dankend ab, ich sei o.k. so, wolle nur etwas zuschauen, als Zaungast. Ich war übrigens nicht der einzige. Viele Schaulustige säumten die offene Kirche neben der Durchfahrtsstrasse, wo Autos, Lastwagen und Busse vorbeiratterten.

Verkäuferinnen mit zu verkaufenden Esswaren in riesigen runden Töpfen auf den Köpfen standen herum, tanzten sogar noch mit der grossen Last, die sie elegant auszubalancieren wussten. Viele Kinder und Jugendliche standen palavernd herum. Von der nahen Bierkneipe her dröhnte afrikanische Musik. Ein wildes und wirres Durcheinander. Afrika live. Als es mir zu bunt wurde, als die Umherstreuenden mich in ihre Mitte aufnehmen, mich quasi integrieren wollten in das afrikanische Treiben und sich plötzlich wie auf Kommando verschiedene Gruppen auf mich stürzten und so eine grössere Gruppe um mich herum bildeten, deren Mittelpunkt ich plötzlich wurde, zog ich mich ins nahe Hotel zurück, flüchtete ich in die Sicherheit der Mauern, wo ich dann auch das Essen verzehrte, das ich auf der Strasse erstanden hatte.

Messen werden hier zuhauf gefeiert. Jeden Abend, sagte mir der Deutsche, der hier wohnt und es also wissen muss. Das ist für die *die* Abendunterhaltung, eine Art Disco-Ersatz, nicht mal Ersatz, sondern einfach der Abendtanz ums goldene Christenkalb.

Bibelstunden und Messen scheinen hier im südlichen Ghana der grosse Renner zu sein. Sogar am Samstagnachmittag in einem Schwimmbad, wo man eigentlich ungestört schwimmen möchte, sogar dort gibt es Prediger, die einem durch ein Mikrophon mit lauter, fanatischer Stimme irgend etwas über den milden Jesus vorhetzen. Das Wort Gottes will gelesen, verstanden, interpretiert und diskutiert sein. Jeder Ghanaer ein Theologe.

Und Kirchen gibt's in Afrika! Methodisten, Katholiken, Protestanten, Evangelisten, Presbyterianer, Baptisten, Church of Pentecost, Anglikaner, Apostoliker und wie sie alle heissen.

Hier könnte jeder eine Kirche gründen. Auch ich. Ich bräuchte bloss irgendwohin zu stehen, als Weisser sowieso. Bin ich doch von der Hautfarbe her schon fast ein direkter Abkömmling des Mannes aus Jerusalem mit den langen Haaren und dem Bart. Ich bräuchte bloss anzufangen, irgendwelchen Stuss zu predigen, einfache Worte: »Jesus ist fähig. Jesus liebt euch. Jesus macht euch glücklich. Ich bin übergossen mit dem Blute Jesu. Jesus ist für uns gestorben, für uns arme Sünder, auch für dich.« Oder ich bräuchte nur zu sagen: »Ich weiss die Lottozahlen der nächsten Woche, Jesus hat sie mir im Traum genannt.« Ich bräuchte den Leuten bloss die Hand aufs Haupt zu legen, irgend etwas zu murmeln und sie zum nahen Volta zu führen, um sie dort rituell und unter grosser Anteilnahme und mit finanziellem Engagement der gläubigen Gemeinde zu taufen. Der Erfolg wäre mir gewiss. Moserianer würde sich die gläubige Gemeinde dann nennen.

DÄMONEN

»Ich habe es mit eigenen Augen gesehen. Er wurde vergiftet. Spiritismus betreiben die hier nur im bösen Sinne, sonst hätten die längst die Weltherrschaft übernehmen können. Ich habe vorher auch nicht daran geglaubt, dachte auch wie du jetzt, dass das alles Hokuspokus sei. Aber ich habe es mit eigenen Augen gesehen. Jetzt weiss ich, dass es das gibt. Hier in Afrika ist das so. Früher, vor ein paar hundert Jahren, war das bei uns ja auch noch gang und gäbe. Aber die sind halt einfach ein paar hundert Jahre hinter uns zurück.«

Ulrike, die hier das Zementgeschäft führt, war ganz ausser sich geraten. Sie erzählte mir die Story von ihrem Mann, der ein Kind mit einer Ghanaerin gezeugt hatte.

»Er ging nur mit ihr ins Bett, weil er es halt mal ausprobieren wollte, wie die so sind, die schwarzen Frauen. Da hatte ich natürlich nichts dagegen als Europäerin«, versuchte sie mir und sich selbst einzureden, ganz stolz darauf, so aufgeschlossen zu sein. »Und dann, als mein Mann längst mit ihr abgeschlossen hatte, bekam sie das Kind. Alle wussten es um mich herum, nur mich liess man im dunkeln. Und dann, als die andere Frau gemerkt hatte, dass sie gegen mich keine Chance hatte, versuchte sie es eben mit *Tschutschu*, diesem afrikanischen Spiritismus. Über Monate liess sie durch die Köchin meines Mannes Gift in sein Essen mischen, versuchte ihn so gegen mich aufzubringen. Nach ein paar Monaten war er dann eines Abends ganz übergeschnappt, wusste am andern Tag nicht mal mehr, was er getan hatte. Er wollte mich umbringen. So weit haben sie ihn gebracht. Heute bin ich mit ihr vor Gericht. Wegen Körperverletzung. Sie hat mich angegriffen, hat Steine gegen mein Auto geworfen, als sie merkte, dass sie verloren hatte, dass der Mann nicht zu ihr, sondern zu mir zurückgekommen war. Da versuchte sie es mit Gewalt und mit Drohungen. Aber ich bin eine starke Frau und habe dem schlechten Spiritismus widerstanden. Ich rief in meiner Verzweiflung gar meine Mutter in Deutschland an, sagte ihr, sie solle mir mein Kreuz von der Grossmutter schicken und noch eine Bibel dazu. Heute bin ich überzeugt, dass mich das gerettet hat«, sagte sie mit einer Überzeugung, dass man besser keine Einwände dagegen erhob, wollte man selber nicht auch Opfer ihres eigenen bösen Spiritismus werden.

Ich aber meldete dennoch vage meine Bedenken an, erklärte ihr, dass ich schon auch dächte, dass das Universum eine spirituelle Sache sei, letztlich, oder auch anfänglich – dass dem Ganzen ein Mysterium innewohne, davon sei auch ich überzeugt. Aber dass die Gesetze von Physik und Chemie willkürlich zugunsten oder zuungunsten einer Person angehalten, umgangen oder gar aufgehoben werden könnten, das sei meiner Meinung nach einfach unmöglich.

»Du wirst es schon noch am eigenen Leib erfahren, wenn du länger in Afrika bleibst«, drohte sie mir, so dass ich es wirklich mit der Angst zu tun bekam. Schliesslich schlummert auch in mir der Abgrund, die Grenzen von Verstand und Vernunft können auch bei mir plötzlich erreicht werden, und so fing ich tatsächlich an, Respekt vor ihr, mehr noch vor allfälliger Bedrohung der Afrikaner gegen mich, zu haben.

Trommelschläge, von weit her.

Am Schluss bestrafte sie mich dadurch, dass sie das Buch *Das Gold von Timbuktu*, das ich ihr angeboten hatte, nicht kaufte.

Am Nachmittag, als das Paar im Hofrestaurant des Hotels seine Biersession eröffnet hatte – die beiden trinken ununterbrochen und bestellen die neue Flasche schon, wenn die angebrochene noch halb voll ist –, also, als ich auch ins Restaurant gegangen war, um noch ein bisschen mit ihnen zu quatschen, da fragte ich sie, ob sie Leserin sei, was sie mir bestätigte, worauf ich meine Bücher holte. Sie war nicht wirklich interessiert, zeigte nur ein wenig Neugierde am Buch von Timbuktu, und so lagen die Bücher während der ganzen Zeit des Gespräches über Spiritismus vor uns auf dem Tisch, umringt von immer mehr Bierflaschen. Als sich unser Gespräch langsam dem Ende zuneigte, nachdem ich zu oft und zu viel gewagt hatte, ihre Theorien in Frage zu stellen, ihr auch offen widersprochen hatte, da mischte sich ihr Mann ein, der die ganze Zeit schweigend mit am Tisch gesessen hatte und der mitbekommen hatte, dass ihr das besagte Buch gefallen würde, und offerierte mir zehn Mark für das neue Buch, die Hälfte des angeschriebenen Preises. Ein faires Angebot. Wir handelten noch etwas in afrikanischer Manier, einigten uns endlich auf die zehn Mark beziehungsweise 10 000 Cedi. Trotzdem legte er nur 6200 auf den Tisch. Ich aber beharrte nun auf den zehn Tausend. Worauf die Frau in den Handel eingriff und meinte, so viel oder gar nichts. Jetzt hatte sie die Macht wieder an sich gerissen, und ihr Mann schwieg wieder. Ich ging nicht darauf ein. Sie sagte, ich hätte anfangs nichts von Verkaufen gesagt, hätte nur gefragt, ob sie interessierte Leserin sei und Interesse an Büchern hätte, und deswegen sei es nicht fair, jetzt plötzlich von Geld zu sprechen. Ganz logisch war das für mich nicht, trotzdem sass ich in der Falle, und der Handel kam nicht zustande. So waren wir plötzlich geschiedene Leute.

Unsere Scheidung wurde auch noch unterstrichen von den Trommeln, die jetzt immer näher kamen. Eine Gruppe junger Männer drängte sich in den Hof des Restaurants und tanzte um die Trommler in ihrer Mitte. Ein Ritual am Sonntagnachmittag zu Ehren eines Neugeborenen, um es zu beschützen. Vielleicht vor den bösen Geistern ihres eigenen Spiritismus. Später kamen dann auch noch Frauen und Kinder hinzu, alle hübsch sonntäglich angezogen. Ein richtiges Fest mit Trommeln, Tanzen und Singen begann. Ähnlich wie in der Kirche, nur diesmal ohne dass Jesus seinen Senf dazu hätte geben müssen.

So wurde die Spannung gelöst, und alle gingen ihre eigenen Wege beziehungsweise sie gingen ins Zimmer, und ich blieb bei den Trommeln. So sind die fast aus den Fugen geratenen Welten aller Beteiligten wieder in Ordnung gebracht worden, und nach längerer Pause und Verarbeitung werden wir wohl wieder aus unserem Bau hervor gekommen sein, um eine neue und nächste Runde zu starten im ewigen Kampf um die Verteidigung und den Sieg der eigenen Welt, des eigenen Glaubens und der eigenen Überzeugung. Krieg und Frieden bis zur totalen Vernichtung oder zum totalen Frieden.

Wütend geworden schmiss sie plötzlich die Bierflasche auf den Boden, so dass sich ihr Mann durch einen fliegenden Splitter am Fuss verletzte, blieb noch ein wenig sitzen, um zu geniessen, was sie angestellt hatte, stand dann ruckartig auf, blieb kurz stehen, schwankte noch ein wenig und torkelte davon.
Ich hatte es kommen sehen, hatte es gar erwartet, da ich ihren Charakter kennengelernt hatte und einschätzen konnte. Voll betrunken war sie.
»Diese Frau ist verrückt, die hat sie nicht alle«, klärte mich ihr Mann auf. »Ich bin jetzt acht Jahre mit ihr verheiratet, ich weiss es, die ist total hysterisch. Wenn sie jetzt nochmals kommt, dann hau ich ihr eine in die Fresse, dass sie umfällt, dass sie mit ihrem neuen, schönen und teuren Kleid in den Schlamm fällt, das sag ich dir. Der hau ich einfach eine in die Fresse. Wenn die ein bisschen mehr Stand hätte, würde ich ihr eine runterhauen. Aber die kann ja nicht stehen.«
Er, eigentlich ein Rumäne und von der Grundfarbe seines Temperamentes her eher ein Gemütsbrocken, war ziemlich in

Aufregung geraten. Doch ist er verheiratet mit einer Furie und einer Alkoholikerin. Er selber trinkt auch schon vom Frühstück an. Ein Alkoholiker Pärchen, wie's im Buche steht .

»Das halte ich einfach nicht aus, wenn die so besoffen hierher kommt und mich an meinen Plätzen, da, wo ich gerne bin, beleidigen kommt. Und sogar noch meine Freunde beleidigt, die gar nichts mit der Sache zu tun haben. Vor allen Leuten. Und total verrückt rumschreit. Und wenn ich dann wieder raus auf die Strasse gehe, so schauen mich die Leute alle an. Was sollen die denn von mir denken?«

Schon als ich mich ins Hofrestaurant des Hotels setzte, merkte ich, dass sich da ein Gewitter zusammenbraute. Ulrike, schon ziemlich laut und besoffen, hatte sich den Hotelmanager geschnappt, der ihr voll ergeben war, und hatte auf ihn eingeredet und versuchte ihn gegen ihren Mann einzunehmen. Ich schlich sofort wieder ab und setzte mich weit entfernt von den beiden an die Bar. Später kam ihr Mann und setzte sich zu mir. Doch Ulrike zitierte ihn sofort zu sich, und dann war auch schon die Hölle los. »Du Drecksau, du Schlampe, du dreckige Kölnerin, du verfluchter Drecksack, du hinterhältiges, verfluchtes Arschloch!« »Selber Arschloch, du elender, stinkender Zigeuner, du blöder Rumäne, der nicht mal lesen und schreiben kann!« Das war so ungefähr die Konversation, die ich als einziger Deutschsprechender die Ehre hatte, mitanhören zu dürfen.

»Einmal hat sie mir eine Flasche in den Hals gerammt, hat einfach die Flasche zerschlagen und mir den Rest in den Hals gesteckt«, erzählte er weiter, als wir uns nach einem kurzen Spaziergang durch Atimpuku in eine Kneipe gesetzt hatten und uns ein Bier genehmigten. »Die kommt ja selber aus dem

Milieu. Die hat früher ein Puff besessen, und ich war auch mal Zuhälter. Als ich sie dann kennenlernte – ich musste sie einmal beschützen, denn ich war früher Leibwächter für wichtige und bedrohte Leute in der Unterwelt – da verliebte sie sich in mich. Obwohl sie acht Jahre älter ist als ich, habe ich meine Frau und meine zwei kleinen Kinder stehengelassen, habe denen alles gelassen, bin nur mit einem Plastiksack voller Sachen rausgegangen und habe denen mein Haus überlassen und bin ihr gefolgt. Sie wollte unbedingt, dass ich sie beschützte, dass ich sie heiratete. Dann ist aber Schluss mit dem Milieu, habe ich ihr gesagt, dann gehen wir zusammen nach Afrika und fangen ein neues Leben an. So haben wir alles in einen Container gepackt und sind nach Ghana geflogen und haben eben dieses Geschäft aufgemacht, die Bar und das Restaurant, wo wir reingelegt worden sind und erst mal 200 000 Mark verloren haben. Und jetzt ist sie wütend, weil ich mein eigenes Geschäft auf meinen eigenen Namen aufmachen will. Ich aber bin sauber, ich bezahle ihr meinen Teil am Verlust zurück. Sie aber will unbedingt, dass ich alles in ihrem Namen mache, dass wir alle Geschäfte zusammen machen. Bin ich denn blöd oder was? Was will die denn noch mehr? Ist doch o.k. so, nicht? Ich bezahle sie aus und mache meinen eigenen Kram. War letztes Jahr extra für sieben Monate in Deutschland und habe da ein paar Hunderttausend Mark gemacht, irgendwie gemacht, ist ja jetzt egal wie, hab es halt gemacht. Und jetzt kommt diese blöde Sau und gönnt es mir nicht. Die hat ja ihren eigenen Kram, und ich mache meinen. Ist doch in Ordnung so, nicht? Ja, und dann kommt die und beleidigt uns, wir seien schwul, nur weil wir zusammen ein Bier trinken. Aber nach Deutschland will ich nicht mehr zurück, dort ist alles ja noch viel blöder. Schlimm ist es, was dort zur Zeit abgeht, ich hab es selber erlebt, als ich jetzt wieder für ein paar Monate dort gewesen bin.

EDELSTEINE

Draussen im Hof des *New Havan Hotels* tagt eine Bibelgruppe. Vier Männer in weissen Hemden und mit aufgeschlagenen Bibeln sitzen um einen Tisch herum und setzen sich intensiv mit dem geschriebenen Wort Gottes auseinander. Diszipliniert, gutgläubig und naiv. In der Hotelbar läuft ein Film. Irgendein drittklassiger Hollywood Schund. Auch das ist in Ordnung, auch der Film ist das Wort, wenn nicht Gottes, so doch das des weissen Mannes, was keinen grossen Unterschied macht, schliesslich war der personifizierte Gott auch weiss und nicht schwarz. Man sieht das Wort Gottes, hört es, liest es, glaubt es, nimmt es für bare Münze. Ganz konkret.

Wenn ich einem Afrikaner hier sage, dass ich Bananen, bevor ich sie esse, zuerst mit Waschpulver reinige, so glaubt er mir das und denkt nicht mal, dass ich blöd sei. Er glaubt es einfach, nimmt es zur Kenntnis, weil es der weisse Mann gesagt hat, und vielleicht geht er nach Hause und probiert es auch mal aus, bis dann seine Frau, die weniger naiv ist, fuchtelnd und fluchend dazwischenkommt und ihn stoppt. Oder wenn sie den Film *Superman* gesehen haben, so glauben sie doch tatsächlich, dass die Weissen fliegen können ...

Ich komme gerade vom Essen zurück. René, der Schweizer von der anderen Seite des Röstigrabens (oder ist es der Fonduegraben?), und ich haben beim Libanesen ein wirklich gutes Mahl verschlungen, in Fladen eingewickelte, scharf gewürzte Fleischstücke, mit Gemüse durchzogen. Bier haben wir auch getrunken. Nett war's im Garten und unser Gespräch lebhaft. Vor einem Monat hatte er mir noch die Geschichte erzählt, dass er im HiFi-Geschäft tätig sei und hier unten alte Stereos aus der Schweiz verkaufe. Ein gutes Geschäft, wie er mir damals versichert hatte. Heute, auf mein Drängen hin, mir doch mehr und Näheres davon zu erzählen, sagte er plötzlich:

»Also wenn du schon wieder davon sprichst und es genau wissen willst: Ich sage das nur so. Das mit der Elektronik und dem Handel ist nur meine offizielle Variante. Eigentlich bin ich im Diamantengeschäft. Und davon spricht man nicht zu Uneingeweihten. Dir sage ich es nur, weil du auch Schweizer bist und weil du mit mir nichts zu tun hast. Ansonsten ist es zu gefährlich, davon zu sprechen. Da geht man mit viel Geld in den Busch, sackweise. Cedis natürlich, du kennst ja die Ghanaer, die wollen nur Cedis, obwohl Dollars viel praktischer, da kleiner in der Menge wären. Aber die Afrikaner sind ja so blöd, dass sie eben nur in Cedis machen. Und wenn man da mit viel Geld in den Busch geht, um bei den Gräbern Diamanten zu kaufen und abzuholen, da können einem schon mal Banditen auflauern, wenn die Wind von der Sache bekommen haben, und die knallen dich einfach ab. Auch die Offiziellen, die Polizei, die verhaften dich einfach, hängen dir irgendeinen Scheiss an, wenn die merken, dass du zu gut im Geschäft bist, wenn es dir zu gut läuft. Das mögen sie nicht. Und es ist ein gutes Geschäft. In ein paar Monaten mache ich wirklich das grosse Geld und dann gehe ich jeden Monat einmal nach Belgien, nach Antwerpen, um meine Ware zu verkaufen. Und falle ich auf die Schnauze, so habe ich halt einfach eine Erfahrung mehr gemacht. Und auf die Schnauze fallen tun viele in Afrika, viele Weisse. Ich muss es ja wissen, ich bin jetzt schon fast vier Jahre lang in Afrika und habe einfach die Schnauze voll, immer nur so ein Traveller ohne Geld zu sein. Aber aufpassen muss man schon hier.

In Zaire zum Beispiel, da haben ein paar Griechen ein Essrestaurant aufgemacht, das gut gegangen ist, da die Griechen kochen können. Als die Polizei merkte, dass es denen zu gut ging, kam sie einfach eines Tages mit Papieren an, die besagten, dass das Hotel und das Restaurant jetzt in ihrem Besitz sei. Die Griechen konnten nur noch abhauen, und innert Wochen war das Restaurant ruiniert. Du kennst ja die Afrikaner. Auch bei Ada, da unten, wo der Volta ins Meer fliesst, ein schöner, romantischer Platz, dort haben auch ein paar Weisse, allen voran eine Frau, ein Camp geführt, das plötzlich anfing gut zu laufen. Da haben sie der Frau plötzlich eine Schmutzkampagne angehängt, sie habe Aids und schlafe ohne Kondome mit vielen schwarzen Männern. Die war fix und fertig, das sage ich dir, und musste das Land verlassen. Dann kam die Polizei und transportierte alles, was nicht niet- und nagelfest angemacht war, ab, alles, was wertvoll war. Zuletzt kamen dann noch die Einheimischen und haben auch noch die Strohdächer weggetragen. Dann kam irgend so ein Afrikaner und hat versucht, das Ganze wieder aufzubauen. Heute ist es ein Dreckloch. Aber so sind sie hier unten eben. Übrigens haben wir Weisse hier in Afrika nichts zu suchen, wie die Afrikaner nichts in Europa verloren haben.«

Er war ganz in Fahrt geraten und lachte immer wieder sarkastisch. Und ich gab meinen Senf dazu. Tat es doch gut, mit einem Landsmann ungehemmt über die Afrikaner herzufallen, auch wenn vieles nur dem Afrikasyndrom entsprach, also der Reaktion auf den alltäglich erlebten Frust mit den Leuten und der fremden Kultur.

»Du kennst doch Conny, die Frau, die Kokrobite aufgezogen hat?« fuhr er weiter. »Die kassiert mit ihrem Mann zusammen etwa 3000 Dollar pro Monat mit ihren Bungalows, hab es ausgerechnet. Aber der Stress, den sie hatte, bis sie soweit war, die Probleme mit dem Dorfchef, mit den Behörden und so. Und jetzt den ganzen Tag die nörgelnden Touristen und die aufdringlichen Schwarzen aus dem Dorf. Ich möchte nicht mit der tauschen. Weisst du, wie alt die ist? 38. Aber die sieht doch jetzt schon wie 50 aus. Vor zwei Jahren noch, bevor sie angefangen hatte, da sah sie so alt aus, wie sie war. Jetzt ist sie in kürzester Zeit gealtert. Und ich sage dir, wenn die in Accra mitkriegen, dass die so gutes Geld macht mit der Anlage, und die wissen, dass die Touristen dort den ganzen Tag über Gras rauchen, dann kommen die eines Tages mit Militär und Lastwagen, mit Maschinengewehren und Handschellen und verhaften das ganze Pack. Die Weissen werden ausgewiesen, und die Schwarzen wandern in den Knast. Und die offizielle Staatsmafia übernimmt den Laden. Und in kürzester Zeit ist aus der Goldgrube eine Jauchegrube geworden. Das garantiere ich dir.«

Wir bestellten noch eine Runde. Natürlich war unsere Marke gerade ausgegangen, und so mussten wir auf eine andere ausweichen. Ich erzählte ihm von meiner Reise durch den Norden Ghanas und von meiner Rückkehr heute morgen.

PASSKONTROLLE

Heute morgen nahm ich also den Bus von Atimbuku nach Accra. So richtig hatte ich keinen Bock auf die Stadt. Nur schnell mal hinfahren, meinen Pass abholen, Geld wechseln und dann wieder ab, weg ans Meer, ins Landesinnere, irgendwohin. Und so bin ich direkt aus dem Bus mit meinem ganzen Gepäck und verschwitzt und schmutzig zur Immigration gegangen, dachte, dort den Pass abzuholen, ein Hotel zu nehmen, Geld zu tauschen und am nächsten Tag wieder wegzugehen. So dachte ich es mir.

Angefangen hatte die ganze Geschichte vier Wochen früher, als ich bei der Immigration zum ersten Mal vorsprach, um meine Aufenthaltsbewilligung um drei Monate zu verlängern. Damals bin ich um zehn Uhr morgens hingegangen, bestückt mit Pass, Passbildern, meinem Geld und dem Flugticket. Ich dachte, das sei alles, was ich brauchte, und nur eine Frage kurzer Zeit, um das Antragsformular auszufüllen, abzugeben, ein paar Tage zu warten und dann meinen Pass mit der Verlängerung wieder abzuholen.

Nicht dass ich nicht gewarnt worden wäre. Alle, die mit der Immigration und deren Prozedur zu tun gehabt hatten, warnten mich oder schwiegen einfach gentlemanlike. Ich aber dachte, wie wohl alle andern auch, dass mein Fall ein spezieller wäre, nicht zuletzt wegen meines sympathischen Wesens und meines ausgefeilten und anpassungsfähigen Verhaltens.

Wo denn der Brief sei, wurde ich von der Schalterbeamtin in forschem Ton gefragt, als ich endlich an der Reihe war. »Was für einen Brief denn?«, wollte ich wissen. Der Antragstellungsbrief, wo ich meine Gründe, warum ich eine Verlängerung beantragen wolle, anzugeben hätte. Der Brief müsse getippt sein.

So ging ich also zum nächsten Publishing Office und liess mir einen kurzen Brief tippen und ausdrucken. Damit ging ich zurück zur Immigration. Mittlerweile war es zwei Uhr nachmittags geworden.

»Um diese Zeit nehmen wir keine Anträge mehr entgegen, kommen Sie morgen wieder«, putzte mich die unfreundliche Beamtin ab. Und das, obwohl ich alle Unterlagen fein säuberlich zusammengestellt hatte und sie ihr bloss über den Schalter in die Hände hätte zu drücken brauchen und sie die ganzen Papiere nur auf den ohnehin vorhandenen Stapel hätte zu legen brauchen. Aber die ghanaischen Behörden folgen, wie alle andern Beamten auf der ganzen weiten Welt auch, ihrer eigenen Logik. Am andern Tag ging ich also wieder hin und gab den Krempel ab und bekam dafür eine Quittung für meinen Pass ausgehändigt. Soviel also zum Vorspiel. Nun die Fortsetzung der Geschichte:

Ich stand jetzt also verschwitzt und schmutzig im Büro, das Gepäck hatte ich an der Eingangstür abgestellt. Das Büro war ziemlich voll mit Antragstellern. Wie kann ich mich am besten durchsetzen, fragte ich mich und stellte mich dicht neben zwei Touristinnen, Tschechinnen, wie ich mit einem Blick auf ihren Pass sehen konnte, und wartete auf meine Chance, der Immigrationsfrau meine Passquittung, die mir vor einem Monat ausgestellt wurde, vorzuzeigen. Nachdem sie die Tschechinnen schnöde abgeputzt hatte, ihnen sagte, dass sie noch einen Brief schreiben müssten, um den Antrag stellen zu können, sah ich meine Chance und wedelte ihr mit meinem Papier vor dem Gesicht herum, in der Annahme, das sei besonders wirksam. Zuerst bediente sie aber noch zwei andere Leute, währenddessen ich immer ein wenig mit der Quittung fächelte. Schliesslich kam sie zu mir, nahm mir mein Papier ab und ging zu einem Schrank, wo sie anfing, in verschiedenen Akten herumzuwühlen, bald eine davon öffnete, ein wenig darin blätterte und suchte, sie wieder schloss, und sonst noch so ein bisschen mit Papier raschelte. Eine Akte nach der andern. Ich dachte schon, es sei jetzt dann sicher gleich soweit, nur noch eine Frage von Sekunden, Minuten vielleicht, bis mein roter Pass mit dem weissen Kreuz – der aussieht, als wäre er das Dokument eines Angestellten des Roten Kreuzes in einem Kriegslazarett – auftauchen würde. Sie griff wahllos, ohne System, in verschiedene Akten. Nichts. Sie kam zurück, händigte mir den Zettel wieder aus und sagte, ich solle zur Réception und da nach einem gewissen Mr. Kofi fragen. Der würde mir dann weiterhelfen.

Tatsächlich erwischte ich besagten Herrn noch, gerade im rechten Augenblick, bevor er die Réception verliess. Er nahm den Zettel an sich, schaute kurz darauf, und ich sah mich schon mit meinem Pass in der Tasche. Ich solle ihm folgen, und so gingen wir zurück zum anderen Büro. Meine Hoffnung stieg. Doch da traf er auf dem Gang plötzlich zwei Kollegen, verlor augenblicklich jegliches Interesse an meinem Fall, fing an mit denen zu plaudern, zu lachen gar, händigte mir beiläufig den Zettel wieder aus, sagte, ich solle dort im Zimmer warten, und verschwand mit seinen Kollegen hinter einer Tür. Ich war enttäuscht, entnervt gar. Der Blutdruck stieg. So ging ich ganz mutig und etwas trotzig zurück an den Schalter, wo gerade ein Amerikaner seine Nerven zu verlieren schien, tröstete ihn und solidarisierte mich mit ihm, was meinen Blutdruck wieder etwas senkte, und so versuchte ich, jetzt etwas frech und übermütig geworden, denn schliesslich hatte ich ja gerade einen Leidensgefährten gefunden, die Aufmerksamkeit einer dieser uniformierten Frauen auf mich zu ziehen. Und ich erklärte ihr ganz klipp und klar, dass ich Herrn Kofi, wie sie mir empfohlen habe, zwar getroffen, er mich aber wieder hierher zurückgeschickt habe und ich jetzt also wieder gleich weit wie am Anfang sei.

Leider war das aber nicht die gleiche Frau wie vorher, und so musste ich mich etwas zurücknehmen, war also schon etwas kleiner geworden. Bald darauf kam dann die andere wieder, ich fasste neuen Mut und erklärte ihr noch einmal meine Sicht der Dinge. Ich müsste den Pass heute noch haben, ich wohnte in Kumasi, müsste heute noch dahin zurück und sei im übrigen schon das fünfte Mal hier – obwohl ich erst das vierte Mal hier war; ich dachte, ein bisschen Übertreibung und Nachdruck könnten nichts schaden. Und im übrigen sei die festgesetzte Frist ja schon zwei Wochen überschritten, also sei's Zeit, jetzt endlich an der Zeit, meinen Pass zurückzubekommen. Ich war jetzt schon nahe an 100 ran und wollte dem ganzen Zimmer, allen Antragstellern und allen Uniformierten zeigen, wer ich war und wie schnell es ging, den Pass zu bekommen, wenn man es nur richtig anstellte.

Dann kam plötzlich dieser Kofi zu mir, er schien ein grosses Tier zu sein, derjenige, der im Moment und für mich über Gut und Böse zu entscheiden hatte, und fragte mich, wieso ich überhaupt eine Verlängerung wolle und wieso ich mit solcher Sicherheit annehme, dass ich sie auch bekommen würde. Worauf ich sagte, ich wolle meinen Pass jetzt zurückhaben, aber sofort. Er konterte, das könne er schon machen, aber ohne die Verlängerung zu stempeln. Ich merkte, dass ich langsam in Schwierigkeiten geriet, denn dann wäre ich schon seit einem Monat illegal im Land. Ich war jetzt auf 150, zügelte jedoch mein Temperament, das mit mir durchzugehen drohte, meine Stimme begann zu zittern, mein Herz schlug schneller, und am liebsten hätte ich ihm eine in die Fresse gehauen. Statt dessen fragte ich jetzt, etwas naiver in der Haltung, was ich denn machen müsse.

Ein Kleinkrieg begann, ein Krieg um Stellungen und um bessere und hinterhältigere Argumente. Wieso ich denn als Lehrer, wie auf dem Formular angegeben, so lange Zeit hätte, hier in Ghana herumzureisen, ich müsste doch längst wieder an der Arbeit sein? Herablassend schaute er mich dabei an.

Das geht dich einen Scheissdreck an! Ich hätte einen längeren Urlaub bekommen, antwortete ich ihm.

Warum ich das denn im Brief nicht geschrieben hätte? Und wieviel Geld ich denn hätte, fragte er jetzt, ganz unverschämt geworden.

Was erlaubst du dir eigentlich, Blödmann! Das hätte ich doch schon aufs Antragsformular geschrieben, konterte ich.

Ja, wo aber das Deklarationsformular der Immigration am Flughafen sei, fragte er mich zynisch.

Ich würde dir am liebsten eine runterhauen. Das hätte ich nicht bekommen.

Wieso ich das denn im Brief nicht erwähnt hätte? Kalte Arroganz blickte mich aus seinen Augen an.

Und so weiter. Am Schluss kam es so heraus, dass er mir sagte, ich müsse nochmals einen Brief schreiben, in dem ich all das erläutern müsse und aufgrund dessen er dann zu einem Urteil käme. Ich gab auf, gab die Schlacht verloren, verdrückte mich, nahm ein Taxi zum Hotel, trank ein Bier, nahm eine Dusche und versuchte dem Ganzen etwas Positives abzuringen.

Immer wenn die Nerven durchzudrehen beginnen, wenn das Temperament und der Blutdruck in die Höhe schnellen, so sage ich zu mir: Afrika. Afrika. Afrika. Autosuggestion. Dies ist das Stichwort, das mich immer wieder herunterholt, ein Mantra quasi, das hilft, mich wieder auf den Boden zu holen. Auf den Boden der afrikanischen Realität. Und jede Aufregung, jedes unvorhergesehene Ereignis hat auch sein Gutes. Es wird immer etwas geboten. Andere Leute bezahlen Tausende von Franken für Abenteuerferien. Wir hier kriegen das gratis mitgeliefert. Trotzdem muss ich es immer wieder vor mich hin sagen: Afrika, Afrika, Afrika. Leise und lange vor mich hin.

Ich ging also wieder in ein Büro und liess den Brief ausdrucken, den ich vorher auf meinem Computer geschrieben hatte. Ein Brief, wo ich ihm in den Arsch kroch, wo ich klein beigab, wo ich genau das schrieb, was er verlangte, wo ich heuchelte und schmeichelte, ich liess sogar Honig tropfen, damit er was zum Lecken hatte.

Manchmal habe ich das Gefühl, die behalten die Pässe extra über Wochen zurück, um temporär ein anderes Bild hineinzukleben, um mit den konfiszierten und präparierten Pässen Afrikaner in die Schweiz und nach Europa zu schleusen, die dann dort arrogant und wie behängte Weihnachtsbäume an den Promenaden und den Einkaufsstrassen herumstolzieren, als hätten sie die Welt erfunden und dabei den Passanten auf die Nerven gehen und sich auch im übrigen so verhalten, als würde Europa ihnen gehören. Die Pässe werden dann mit Diplomatenpost wieder zurück nach Afrika geschickt. Und der nächste bitte. Ohne natürlich das Bild auswechseln zu müssen, da, wenn ein Afrikaner vor der Passkontrolle in Kloten steht, doch kein Zöllner mehr richtig hinschaut und auch keine unbequemen Fragen stellt, aus Angst, gewisse diffuse Kreise würden ihm einen Prozess wegen Rassismus anhängen.

Heute morgen bin ich wieder auf die Immigration gegangen, um den Brief abzugeben. Viel beherrschter als gestern und ohne wirkliche Fortschritte zu erwarten. So war es dann auch. Ich wurde zweimal hin- und hergeschickt, hatte einmal Mister Kofi höchstpersönlich am Apparat, ohne dass er aber Anstalten machte, sich an mich zu erinnern. Ich solle den Brief unten abgeben, der würde ihm dann schon ausgehändigt. Dann wurde ich ohne Kommentar stehengelassen. Wie fristlos entlassen. Ohne Angabe von Gründen. Auf die, jetzt schon etwas schüchterne, Nachfrage, wann ich denn endlich meinen Pass wiederbekommen würde, sagte die Frau, ich solle in einer Woche wieder kommen. Auf meinen Einwand, dann könnte ich ja nicht mal das Land verlassen, falls ich möchte, sagte sie einfach noch einmal, ich solle in einer Woche wiederkommen. O.k. Morgen werde ich wieder irgendwohin fahren. Vielleicht ans Meer.

Afrika. Afrika. Afrika. Das Mantra tat vorbeugend seinen Dienst. Dass ich am Morgen meinen Pass von der Immigration nicht zurückbekommen würde, es war nun schon das sechste Mal, dass ich dort vorsprach, habe ich mir schon gedacht. Trotzdem ist es nicht unbedingt die feine Art, den Tag damit zu beginnen, zurückgewiesen zu werden, hingestellt zu werden wie der letzte Idiot.

»Wer hat Ihnen denn gesagt, dass Sie heute wiederkommen sollen?« war der Tenor oder besser der Alt meiner Freundin bei der Immigration. »Kommen Sie nächste Woche wieder.« Meine Einwände, dass ihre Kollegin mich genau vor einer Woche auf heute bestellt habe und dass ich den Pass brauchte, da ich vielleicht nach Burkina reisen würde, und überhaupt, dass ich den Pass zurückhaben möchte, da er mir gehöre, all diese Argumente prallten nicht etwa ab, sondern wurden vom leeren, schwarzen Loch der Immigration einfach und leise verschluckt, als ob sie nie im Raum gestanden hätten. Ich hatte nicht mal mehr den Mumm, ein höheres Tier zu sprechen.

Dann, um den Stress und die Frustration noch etwas zu vervollständigen, ging ich zum KLM Büro, um das Flugdatum zu ändern beziehungsweise das Ticket zu einem Open-Ticket umzubuchen. Als ich das Ticket in Zürich bei *Trottomundo* gekauft hatte – ein nicht gerade billiges Ticket, so ungefähr 400 Franken teurer als die anderen Angebote (ich habe es damals aber gekauft, weil ich nichts wie weg wollte, und bei den günstigeren Angeboten, hätte ich noch eine Woche oder noch länger warten müssen, und das war mir damals, Anfang Januar, denn doch zu lang) –, da wurde es mir als ein sechs Monate gültiges Ticket verkauft, dessen Retourflug problem- und mühelos umgebucht werden könne, und das Rückreisedatum werde nur der Form halber, schon in Zürich, eingetragen. Mühelos umbuchen schon, das konnte mir die Angestellte in Accra denn auch bestätigen, aber nicht problemlos, sprich: nicht gratis. 150 Dollar Strafe müsse ich bezahlen. Strafe?! Die Sprache für Verbrecher, Gesetzesbrecher oder auch nur für dumme und freche Kinder. Strafe bezahlen, dafür dass ich das teurere KLM-Ticket gekauft hatte, Strafe für mein Vertrauen in eine renommierte Fluggesellschaft?! So wurde ich abgekanzelt. Sie schickte dann aber eine Nachricht nach Zürich, wo sie meine Einwände geltend machte. Der ganze Morgen war jetzt vorbei. (Als ich dann aber zurück in Zürich bei *Trottomundo* vorbei ging, wurde mir das Geld problemlos wieder zurückerstattet.)

AUF UND DAVON

Sieben Uhr morgens. Heute werde ich weiterreisen. Aber wohin? Nur weg von hier. Weg von der Stadt. Weg von Accra. Weg von der Immigration. Und trotzdem, etwas hält mich fest, obwohl es mir auf dem Land besser gefällt. Und trotzdem hält es mich in seinen Klauen, lässt mich nicht los, wie Städte überhaupt. Kaum aber bin ich jeweils draussen, fühle ich mich freier, fühle ich mich losgelöst von den Zwängen der Stadt, von den massenmedialen Einflüssen und den zeitgenössischen Doktrinen, fühle mich frei von inneren Zwängen, von Gebundenheit, von vorgefassten Meinungen, fühle mich befreit von längst überholten Denkschemen und falschen Überzeugungen, denen, wie es scheint, ich nur in Städten verfalle bin.

Und doch bringe ich es immer wieder fertig, in den Städten zu bleiben, zu verharren gar. Auch in der Schweiz, einem der schönsten Länder der Welt, wie es heisst, bleibe ich oft monatelang in Zürich, bleibe in meiner Wohnung vergraben, um fernzusehen, Musik zu hören, alleine zu kochen, alleine zu essen und alleine Wein zu trinken. Dann, einem alltäglichen Ritual gleich: zum Bahnhof Stadelhofen gehen, die Aushänger der Tagespresse lesen, Schlagzeilen. Mich in ein Café setzen, den Tagi lesen, ein bisschen die Leute beobachten, wie sie ihrerseits die Leute beobachten. Schweigen. Weggucken, falls sich die Augen mit jemandem treffen sollten. Anonymes Schweigen. Einen kleinen Rundgang durch das Niederdorf machen, dann über die Limmat zum Bahnhof, dort ein bisschen herumlungern, in eine Buchhandlung gehen, desinteressiert in Büchern blättern, wieder raus, auf die Bahnhofstrasse, die Börsenkurse anschauen, den Dollarkurs mit gestern vergleichen. Eine Zigarre kaufen, mich auf eine Bank setzen, rauchen. Falls sich jemand auf die gleiche Bank setzt, weggukken, aufstehen, weggehen. Weiter die Bahnhofstrasse runter, kurz durch ein Warenhaus schlendern, die Waren und die schönen Verkäuferinnen anschauen. Auf der andern Seite wieder ins Freie. Weitergehen, an den See. Mich kurz auf eine Bank setzen. Unruhig, düster und frustriert werdend. Wieder nach Hause. Musik. Mozart. Eine Flasche Rotwein. TV. Umschalten. Abschalten. Musik. Trinken. Zähneputzen. Ins Bett, dem Morgen entgegen, um das gleiche Ritual wieder von vorn zu beginnen. Tagelang, wochenlang, mit kleinen Unterbrechungen, Abwechslungen, seltenen Besuchen, ab und zu mal ein Gespräch. Jemanden kennenlernen wollen. Abprallen. Das ist Zürich.

Kaum aber habe ich den Zug genommen, Richtung Berge, an einem schönen Wochentag im Sommer, kaum habe ich den Rucksack gepackt mit etwas zum Trinken und mit Salami, Brot, Tomaten, Apfel, Getreidestengel, Reserve-T-Shirt, Sokken, Unterwäsche, Regenschutz, Hemd, Pullover, kaum bin ich irgendwo in einer Talstation, habe die Luftseilbahn genommen, auf einen Berg, um dort eine Wanderung zu starten, fühle ich mich besser, frei, gutgelaunt, übermütig, sensibel, offen für ein Gespräch. Unternehmungslustig wandere ich drauflos, einem Wanderweg folgend, der mich über einen Pass auf die andere Seite des Berges bringen wird. Eine Wanderung. Zwei oder drei Tage. Über zwei oder drei Pässe. Von der Talstation mit einer Luftseilbahn oder einer Zahnradbahn auf den Berg, auf 1000 Meter vielleicht. Von da über Wiesen und durch Wald, einem Fluss entlang langsam nach oben. Landhäuser, Bauernhäuser, Schöpfe, vereinzelt am Weg. Der Wald lichtet sich. Wiesen, Blumen. Immer höher hinauf, es wird steiler, der Fluss wird zum Bach. Es rauscht. Das Wasser ist klar oder grau. Das Tal wird enger. In der Ferne sehe ich die Schneeberge, die hohen Gipfel, die Viertausender. Der Stolz der Schweiz. Die Baumgrenze naht, Wiesen sind mit Steinen, mit Felsen durchsetzt. Noch einen letzten Alpensee, blau oder schwarz, je nach Wetter. Weiter hinauf, sehr steil, die Baumgrenze ist hinter mir, ein paar Alpenblumen, farbige, säumen den Pfad, der sich steil hinaufschlängelt. Geröllhalden jetzt, bizarre Felsenformationen, kleine Höhlen. Die Luft ist frisch, das Bächlein ist laut, sprudelt vor sich hin. Oben auf dem Pass. Aussicht auf zwei Täler. Eine Rast. Zufrieden setze ich mich ins Gras oder auf einen Stein, esse ein Sandwich, Brot mit Ei, eine Tomate dazu vielleicht. Einige gierige Schlucke Wasser. Zum Nachtisch ein Stück Schokolade. Schauen, staunen, sinnieren, wie schön ist doch die Welt, die Schweiz. Ein paar Paragleiter mit ihren farbigen Schirmen schweben über der Szene. Nächstes Jahr werde ich das auch lernen, die Angst scheint jetzt schon überwunden zu sein. Übermütig sehe ich mich fliegen. Dann wieder runter. Über Geröllhalden, vereinzelte Schneefelder vom letzten Winter, aus denen viele kleine Bächlein rinnen, wirr durch die Landschaft, sie vereinen sich zu einem grösseren Bächlein, Gras kommt dazu, langsam wieder die ersten Sträucher, einige Tannen in Gruppen stehend, grössere Bäche. Eine Alphütte. Das Nachtlager. Kühe wollen vom Senn gemolken werden. Auch Geissen. Aus der Milch macht der Senn Käse, Butter. Es gibt Rösti mit Käse, dazu Saft, wie sie hier oben den sauren Most nennen. Es riecht nach Alp, nach Kuh, nach Mist. Der Bach vor der Hütte ist zu einem kleinen, reissenden Fluss angeschwollen. Eine Idylle. Blauer Himmel, weisse Gipfel, grüne Wälder, saftige Wiesen, braune Kühe. Das Gebimmel der Kuhglocken ist wie Sphärenmusik in der Landschaft. Ruhig und still. Die Sonne ist jetzt weg. Dann die Nacht. Noch etwas Saft, ein Gespräch, doch nicht zuviel. Vielleicht einen Jass, ein paar Witze. Lustig, aber trotzdem etwas verknorzt. Schweizerisch eben. Schlafen auf einer Militärschaummatte. Feldgraue Wolldecken mit roten Streifen. Am andern Morgen: Kaffee, Milch, Käse, Butter, Konfitüre, die Wasserflasche aufgefüllt, und frisch und munter geht's weiter, dem Tal zu. Die Schlagzeile des »Blick« am Kiosk des Dorfes, noch schnell eine Schokolade und dann ab ins nächste Bähnlein, auf den nächsten Berg. Immer weiter so. Zwei, drei Tage. Wieder zurück in Zürich, das etwas frischer geworden zu sein scheint durch die Abwesenheit. Aber schon verschlingt er einen wieder, der Moloch, die Stadt, der TV.

Es ist Zeit zu gehen, Accra zu verlassen, die Koffer zu packen. Raus. Auf und davon.

Halb neun. Der heisse Tee hat mir schon wieder Schweissperlen auf die Stirn getrieben. Es ist noch nicht so heiss, aber trotzdem, ich schwitze. Bei der jungen Frau mit dem Kind habe ich noch kurz gefrühstückt. Sie führt eine kleine Strassenbar, neben dem Hotel, direkt an der Durchfahrtsstrasse, wo sie Omeletten, Gemüse, Tee, Kaffee und heisse Schokolade anbietet. Ihr Säugling liegt unter dem Tisch in einer Kartonschachtel. Schläft. Die Frau ist schon sehr beschäftigt, macht ihre Arbeit langsam. Aber man wartet gerne, bis man dran ist, jeder der Reihe nach. Derweil schaue ich die Passanten an, die zu dieser Zeit in die nahen Schulen und Büros strömen. Kinder in ihren braunen Schuluniformen, junge, rausgeputzte Büroangestellte, hübsch gekleidete Sekretärinnen. Neben dem Frühstücksladen haben zwei junge Mechaniker ihre Werkstätte aufgeschlagen, direkt auf der Strasse, an einer Mauer, die ein Haus abgrenzt. Beide sind schwarz von Öl und Schmiere und machen gerade an einem alten Generator rum. Direkt daneben verkauft ein alter Mann flüssigen Honig in Bierflaschen, sitzt einfach da und wartet, den ganzen Tag.

Plötzlich fängt der Säugling, ein Junge, unter dem Tisch zu reklamieren, das heisst, zu weinen an. Die Frau setzt ihn auf. Vielleicht hat er zu heiss, denke ich, da er warm angezogen ist, eine Kapuze über den Kopf gezogen, den Reissverschluss des Sweatshirts bis zum Hals hinauf zugemacht. Darüber noch ein Tuch, das jetzt ganz verschlungen um seinen kleinen Körper gewickelt ist. Er hört noch nicht auf zu schreien.

Die Frau weiss es besser. Sie macht noch schnell ein Frühstück fertig und setzt sich dann selber auf die Bank. Jetzt ist der Junge dran. Sie gibt ihm die Brust, und der nächste Kunde muss eben warten, bis das Kind zufrieden ist. Dann legt sie es wieder in die Schachtel und arbeitet weiter. Ich trinke, esse, zahle und gehe.

Fahren will ich, einfach fahren. Eingepfercht in einem Minibus, vier Leute pro Reihe, vier Reihen pro Bus. Bein an Bein, Brust an Brust, Schweiss an Schweiss. Doch der Wind von den offenen Fenstern kühlt einem den Kopf. So ist es angenehm zu reisen. Trotz der Enge gefällt es mir. Oder ist es gerade die Enge, die mir gefällt? Dieses Körper-an-Körper-Sitzen mit wildfremden Menschen, ohne miteinander reden zu müssen, ohne verbalen Kontakt aufzunehmen, nicht mal richtig abchecken, wer neben einem sitzt, einfach so da sein, Mensch an Mensch, der andere wird ja wohl o.k. sein, ohne Spannungen aufzubauen, ohne sich gegenseitig auf die Nerven zu gehen. Es einfach aushalten. Die Nähe des andern einfach aushalten, ohne was zu wollen von ihm, ohne ihn auch abzulehnen. Einfach fahren, reisen, schauen, die Gegend, den Regenwald schauen. Sein.

Man stelle sich vor: zu Hause, mit wildfremden Schweizern in einem Bus, Bein an Bein. Zuerst ein freundliches *Grüezi*, so echt, wie wenn die Amerikaner *Cheese* sagen beim Fotografieren, dann ein beleidigtes Weggucken, wenn das *Grüezi* des andern nicht gerade der eigenen Schwingung entspricht. Dann den Körper ungeduldig bewegend, sich mehr Platz verschaffen wollend, da man denkt, dass sich der andere zuviel Platz zugestehe, überhaupt zuviel in Anspruch nehme von allem, dass man sich durchzusetzen habe, dass man zu seinem Recht kommen müsse, hier und jetzt, auf diesem Platz, als gelte es, das Vaterland zu verteidigen. Eine Reihe weiter vorne haben es zwei, drei Leute gerade etwas lustig, da sie es amüsant finden, sich so nah zu kommen. Brust an Brust. Doch der erste anstössige Witz eines dicklichen Herrn kommt der Dame nebenan in den falschen Hals, sie ist beleidigt, wütend gar, lässt sich solch primitive Anmache doch nicht gefallen. Der Herr jedoch will es gar nicht so gemeint haben und wird jetzt seinerseits böse, nennt sie eine dumme Gans. Sie flippt total aus, beschwert sich beim Chauffeur, der sagt, sie sollten alle ruhig sein, da er sich auf die Strasse konzentrieren müsse. Schweiss an Schweiss. Gedrückte Stimmung kommt auf, die Leute werden ruhig, sprechen und bewegen sich nicht mehr, höchstens noch ein verhaltenes Fussaufsetzen mit den sich zusehends mehr verkrampfenden Zehen. Es herrscht eine Stimmung von Schuldgefühlen mit Aggression durchzogen. Nach Stunden kommt man an. Die Leute steigen aus, gehen sich aus dem Weg, schauen sich nicht an, verschwinden, ohne ein *Cheese-Ufwiderluege* zu murmeln. Und trotzdem gehen sie nicht einfach ihres Weges, sondern versuchen noch nonverbal zuzuschlagen: »Leckt mich doch alle am Arsch, zum Glück bin ich euch Idioten los.« So wäre es in der Schweiz, beim Busfahren, Bein an Bein, Brust an Brust und Schweiss an Schweiss.

RAMSEYER GEHT GRASEN

Jetzt, ein paar Stunden später, es ist vier Uhr nachmittags, und es ist kühl, der Himmel ist mit grauen, schwarzen Wolken voll behangen. Es regnet. Ich bin auf 660 Meter über Meer im *Presbyterian Ramseyer Training Center* in Abetifi.

Der Typ, der neben mir im Bus nach Nkwakwa gesessen hatte, gehört eben dieser Kirche an. Und er hat mich zu diesem Center abgeschleppt. Seine Art kam mir schon etwas sektiererisch vor, wie er leise, geheimnisvoll und unverständlich blubberte, so, als wären wir schon im Bus in den Heiligen Hallen des Himmels. HHH. Sein weisses Hemd und seine frisch gebügelten Hosen zeigten, zu welcher Schicht er gehörte. Er hatte eine Mappe auf dem Schoss und entnahm ihr plötzlich ein paar gegrillte Gemüsebananen, war aber froh, als ich ablehnte, offensichtlich war es sein Lunch.

Ob ich in die Berge fahre, fragte er.

Da ich das eine gute Idee fand und ihn nicht zu nah an mich kommen lassen wollte, sagte ich vorsichtig: »Ja, vielleicht.«

Er fahre auch hin, er sei Lehrer, respektive Supervisor und gehöre der Presbyterian Church an. Woher ich denn komme?

»Aus der Schweiz.«

»Genau wie Ramseyer«, sagte er freudig, so, als ob wir uns jetzt erst recht verstünden, verstehen müssten, »der bei uns dieses Presbyterian Center gegründet hat.«

Da oben auf dem Berg gebe es ein Zentrum, und da empfehle er mir hinzufahren, er werde es mir zeigen. Noch vorsichtiger geworden, fragte ich ihn, ob es denn da oben auch ein Dorf mit einem Gasthaus gebe. Ja, antwortete er mir, aber das Presbyterian sei besser, da fände ich auch Leute von mir, Weisse meinte er damit, die dort im Zentrum unterrichteten.

Dann fuhren wir trotzdem nur ins Dorf, weil ich es so wollte. Schliesslich lasse ich mich nicht gern abschleppen und in ein Sektenhaus schon gar nicht. Trotzdem, der Vorschlag begann, mich zu interessieren. Ich stellte mir schon vor, dass das Zentrum einen schönen Garten hätte, eine grosse Anlage vielleicht, und dass es dort oben kühl sein würde, eine willkommene Abwechslung von der Hitze. Einen Garten, so stellte ich es mir vor, gezähmte und kultivierte Natur! Genau was ich wollte und brauchte. Also entschied ich mich noch einmal um, und so gingen wir dann doch noch ins nächste Kaff, über staubige und löcherige Strassen, in einem überfüllten Taxi: vorne nebst dem Fahrer sassen drei weitere Passagiere, hinten vier und ganz hinten im Kombi-Kofferraum sass auf dem Gepäck noch einer, der ständig in mein rechtes Ohr laberte. Ein alkoholisierter Schmutzfink, der rauh und laut redete, worauf die beiden mit Kohle verschmierten Typen auf dem Vordersitz, die offensichtlich zu ihm gehörten, einstimmten in den Kanon, und so laberten sie laut in ihrer unverständlichen Sprache auf mich ein, schon etwas aggressiv werdend. Meinem Supervisor wurde es peinlich, und mir ging es auf die Nerven. Anscheinend war das der natürliche Gegenpol zum Ramseyer Center, zu dem wir gerade abbogen: proletarische Ungezogenheit und Mittellosigkeit kontra bildungsbürgerliche und gutbetuchter Oberschicht.

Ramseyer – der Name war mir schon in Kumasi aufgefallen, wo ich ja auch eine Nacht im Presbyterian Gasthaus verbrachte. Damals und auch jetzt wieder kam mir dabei die Schweiz in den Sinn, ohne zu der Zeit jedoch zu wissen, dass dieser Ramseyer tatsächlich ein Schweizer gewesen war, aber ahnen tat ich es schon damals, denn was könnte er anderes gewesen sein mit diesem Namen? Ramseyer. Apfelwein, *suure Moscht*, kam mir in den Sinn. Und das Lied vom Ramseyer, der grasen geht. Ich stellte mir das Berner Oberland vor, Adelboden, dort gibt es doch diese *Stündeler*, da passte der alte Ramseyer mit *sim Stäcke und die angere hingedrii*, ganz gut ins Bild. Und dieses Bild sah ich auch jetzt wieder, wie Ramseyer mit seiner Familie im letzten Jahrhundert grasen geht und wie irgendwie nichts klappen will. Vielleicht ist er deshalb ausgewandert, weil zu Hause alles schief gegangen ist, und dann gab es für ihn nur noch die Möglichkeit im fernen Afrika den armen Negerlein das Heil Gottes zu verkünden.

Ganz stolz zeigte mir mein Begleiter das 130jährige Haus. Ja, die Treppe in den ersten Stock, die Holztreppe, die auf die Veranda führt, und die hölzerne Veranda selbst, die ums ganze Gebäude führt, das könnte mit etwas Phantasie schon schweizerisch sein.

»Typisch schweizerisch«, sagte ich.

Ich wurde vorgestellt, herumgereicht. Zuerst einer Frau, vielleicht der Verwalterin oder was. Dann dem Chefideologen, einem Herrn im mittleren Alter, Massanzug, dunkelblau, der mir versicherte, gerade letzten November in der Schweiz, in Basel, gewesen zu sein.

»Schön«, sagte ich freundlich.

Wohlhabend sind sie, die Presbies. Mitten in diesem afrikanischen Dschungel von heruntergekommenen Hütten, von verschmierten Kindermäulern und fufustampfenden Müttern und rauhen und lauten Männern plötzlich diese bürgerliche Oase.

Ein Mercedes stand unter einem Garagendach, wohl derjenige des Oberpriesters, der mich mit reibenden Händen salbungsvoll willkommen geheissen hatte. Es roch alles nach Schmiere, nach Geld und nach Heuchelei. Ein Toyotabus stand daneben. Und noch ein paar andere Autos standen auf dem Gelände herum. Ein grosses Gelände, wie ich es mir vorgestellt hatte, mit Garten, viel Rasen, alles sehr gepflegt. Eine grosse, separate Küche, ein Extrahaus für die Seminare, eine Kirche, ein Gästehaus mit Küche und Wohnzimmer und einigen Zimmern, wo ich jetzt drin wohne, ein Wohnhaus für die Kursteilnehmer, einen Bürokomplex, ein Verwaltungsgebäude. *And last but not least* ein extra luxuriöses Wohnhaus mit

Klimaanlage für die Elite, die weissen Obermissionarenheinis und den schwarzen Oberhirten. Weiter hinten ein grösseres Haus im Rohbau. Doch doch, da wird immer noch expandiert und investiert. Und dahinter noch ein Fussballfeld mit richtigem Rasen und grossen Fifa-Norm Toren.

Gerade kommt ein Bus voll Kursteilnehmer aus Accra an. Alle schön mit neuen Koffern und gut gekleidet. Ein Bibelquiz und ein Singwettbewerb ist für die nächsten paar Tage angesagt. Konkurrenz jetzt also auch in den Bibelsprüchen. Derjenige, der den besseren weiss, kommt schneller in den Himmel. Ein Holländer begrüsst mich, ein Theologielehrer, auch er ziemlich christlich händereibend. Alternativer Look mit Batikhemd, ein wenig salopp, und doch geniesst er sichtlich die Privilegien, obwohl er betont bescheiden tut. Die Heuchelei der Christen liegt zum Abbeissen in der Luft. Mir wird nach längerem Hin und Her mein Gästezimmer gezeigt, für 10 000 Cedi pro Tag. Und immer noch habe ich das Gefühl auf Eiern zu gehen. Das Gefühl, den Braven spielen zu müssen oder gar nicht erst einzuchecken. Das Gefühl, nicht am richtigen Platz zu sein, obwohl mich alle willkommen heissen, obwohl der Platz schön und sauber und mein Zimmer im Gästehaus angenehm, ausgesprochen angenehm ist. Und immer noch habe ich das Gefühl, nicht wirklich willkommen zu sein, als ob sie fühlten, dass ich nicht zu ihnen gehörte, als ob sie merkten, dass ich ein Spion war.

Als die Sprache dann auf das Essen kommt, wird mir gesagt, dass für Touristen kein Essen zubereitet werde. Da haben wir es also. Nicht einmal die elementarsten Bedürfnisse sind sie willens zur Verfügung zu stellen, obwohl weit und breit kein Restaurant ist. »Willkommen! Oder sind Sie etwa kein guter Christ?« Dann höre ich sie sagen, ich könne ja im Dorf unten Fufu essen gehen oder die anderen afrikanischen Breisorten ausprobieren. Ja, warum eigentlich nicht, schliesslich bin ich es gewohnt. Die Köchin erbarmt sich dann aber meiner und verspricht mir auf heute abend einen Teller Spaghetti.

Und um mein Ankommen und meine düsteren Gedanken und meine Stimmung noch zu vervollkommnen, fängt es auch gleich zu donnern, zu blitzen, zu winden und zu regnen an, als ob das Gewitter die Spannung, die auf dem Platze herrscht, entladen möchte.

Und immer wieder sehe ich Ramseyer mit seiner Grassense und dem Stecken seiner Familie hinterher marschieren, auf den Hügeln von Nkwakwa, die plötzlich den Bergen von Adelboden zu gleichen beginnen. Ich sehe ihn fluchen, die Welt und das Gras auf den steilen Hügeln des Oberlandes verfluchen, das harte Leben im Berner Oberland überhaupt. Und ich sehe ihn, wie er den Stecken wegschmeisst und hinuntergeht, seinem Haus zu, wie er ohne der Frau adieu zu sagen die Tür hinter sich zuschmeisst, um mit der Postkutsche ins Tal zu fahren, mit der Entscheidung im Kopf, die ihm Gott gegeben hatte: in Afrika ein besseres Leben, mit Gott vor Augen, zu beginnen.

Das Geschnatter der Enten weckt mich. Es ist hell. Ein Hahn kräht, Ziegen meckern, Vögel zwitschern, ein Hämmern von den Handwerkern im Neubau ist zu hören, und die Kurteilnehmer singen bereits zusammen im nahen Versammlungsraum um die Wette. Es ist erst halb sieben Uhr morgens. So gut habe ich schon lange nicht mehr geschlafen. Gestern bin ich schon um acht ins Bett gegangen. Seit langem wache ich einmal nicht verschwitzt auf. Es ist kühl, angenehm kühl, so richtig zum Schlafen. Doch die Bisse der Bettwanzen jukken mich fürchterlich. Mein ganzer Rücken und mein Hintern sind übersät damit. Die habe ich noch von den beiden letzten Nächten in Accra, vom *New Havan Hotel*. Nach der ersten Nacht habe ich noch gedacht, es seien Mückenstiche, gestern war mir aber klargeworden, dass es Wanzenbisse sind. Ob die wohl extra ein Wanzenzimmer haben im *New Havan,* für Weisse, damit die nicht in ihr Hotel kommen? Ich war nämlich der einzige Weisse dort, und irgendwie hat mir die Stimmung überhaupt nicht gefallen.

Die Bibelquizer und Singkonkurrenten haben jetzt mit dem Singen aufgehört und lauschen einer Predigt. Ich mache unterdessen einen kleinen Morgenspaziergang rund ums Areal und ein paar Schritte aus dem Areal hinaus. Die Kinder gehen uniformiert zur Schule wie fast überall auf der Welt. Ein Mädchen kommt mir entgegen, singend, einen Wasserkübel auf dem Kopf, sie strahlt mich an, ohne mit dem Singen aufzuhören, ohne irgendwelche Scheu oder Scham zu verspüren. Soll ich wirklich wieder zurück in die Schweiz, geht es mir durch den Kopf, da, wo nur Popstars öffentlich singen dürfen, und das auch nur mittels riesigen Verstärkern und grossen, teuren Anlagen?

Jetzt weiss ich es besser: Herr Ramseyer muss sich vor 130 Jahren, aus was für Gründen auch immer, seien es Probleme mit der Familie, mit der Frau oder mit der damals herrschenden Armut in den ländlichen Gegenden der Schweiz, bei der Mission in Basel gemeldet haben, um nach Afrika auszuwandern. Er war nicht Rasenmäher, sondern Schreiner von Beruf. So bauten die afrikanischen Arbeiter unter seiner Führung und im Namen Gottes von Basel dieses alte Steinhaus, wo die Mission hier in Abetifi ihren Anfang nahm.

Ramseyer muss dann wohl schnell Karriere gemacht haben. Er war ein junger, fähiger, abenteuerlustiger Mann und hat schnell gemerkt: Des Brot du isst, des Worte du sprichst. So wurde aus ihm sicher ein guter christlicher Missionar. Als dann der Erste Weltkrieg ausbrach, wurde alles was Deutsch sprach hier unten an der Goldküste, von den Engländern deportiert, da sie dachten, Deutsch sprechende Menschen arbeiteten automatisch als deutsche Spione. So mussten auch die Basler Missionare wieder zurück an den Rhein. Aber die Infrastruktur war da. Und da die Engländer schliesslich auch gute Christen sind, holten sie die Presbyterianer aus Schottland, die sich in ein gemachtes Nest setzen konnten und die, da auch Englisch sprachig, für die Engländer weniger gefährlich schienen. Nach dem Krieg suchten die Basler wieder Kontakt mit ihrer ehemaligen Mission und wurden nicht abgewiesen. Wieso auch? Wer mitbezahlt, kann auch teilnehmen. So arbeiteten die beiden Missionen dann zusammen. 1928 wurde die Mission selbständig, was immer das auch heissen mag, und seither arbeiten sie gut zusammen. Vor ein paar Jahren hat die EMS, die Evangelische Mission Süddeutschlands, die Führung übernommen, da die Basler jetzt eher in Nigeria und Kamerun ihr Geld anlegen und ausgeben, dort gibt es ja auch noch viele schöne Plätze, um Häuser zu bauen und das Geld spendenfreudiger Kirchen und Christen anzugeben. Trotzdem, die Basler und die EMS sind einer gemeinsamen Vereinigung unterstellt.

Dies soweit die Geschichte von dem Ort hier, wie sie mir in groben Zügen der hiesige Chef erzählt hat. Und was haben die Missionare in den letzten 130 Jahren hier gemacht und erreicht? Wissen tue ich es nicht, aber erahnen kann ich es. Ein Beispiel: zur Zeit wird ein Projekt in Angriff genommen, um das alte, von Ramseyer gebaute Haus aufwendig zu renovieren, für 190 000 Dollar! Selbstbeweihräucherung. Artenschutz. Heimatschutz in fremden Landen. Mit dem Geld könnte man 200 einfache Häuser bauen, bessere als die Lehmhütten der Landbevölkerung. Und das alte Ramseyer-Haus scheint es nicht mal allzu nötig zu haben. Stolz und charmant steht es hier und trotzt immer noch dem Regen, dem Wetter und der Zeit. Ein altes Haus ist es zwar geworden, jedoch mit dem Charme einer vergangenen Epoche. Aber es wird sich beugen, wird seinen Charme und seine Identität hergeben müssen, wird nach der totalen Renovation nicht mehr ehrlich an seinen Gründer und Erbauer Ramseyer erinnern dürfen, und das, weil die Missionare und ihre Helfershelfer nichts anderes als Restauration, und das nicht nur im Liegenschaftsbereich, betreiben.

Gestern abend bin ich noch kurz in den Ort hinunter gegangen, um etwas essen zu gehen. Hier oben bei den Missionaren gibt es ja nichts, ausser man bestellt und bettelt im voraus. Ich habe ein Eiersandwich gegessen und machte darauf noch einen kleinen Spaziergang auf der spärlich beleuchteten Hauptstrasse. Kinder spielten, Erwachsene plauderten und flanierten, Strassenverkäuferinnen boten Essen an, es wurde gegessen, getrunken, der Abend wurde genossen. Es wurde gelebt. Es war wie bei uns auf einem Fest, nur dass das hier jeden Abend so ist.

Jetzt weiss ich auch, was mir an Afrika, trotz allen Ärgernissen gefällt. Es sind die alltäglichen Handlungen, die hier im Mittelpunkt des Lebens stehen. Oft bleibt es sogar beim blossen Versuch, ein paar Eier zu kaufen, auf den Bus zu gehen, in eine Bar ein Bier trinken zu gehen, oder zum Frisör zu gehen, oft klappen diese alltäglichen Erledigungen ja nicht einmal, und man bleibt irgendwo stecken. Der Versuch etwas Bestimmtes zu tun, bringt einem manchmal ganz woanders hin, als wohin man ursprünglich eigentlich wollte. Die Eier sind gerade ausgegangen, dafür schäkert und lacht man vielleicht kurz im Laden. Oder der Bus ist noch nicht voll, und man muss noch eine Stunde warten und lernt dabei jemand kennen. Das Lieblingsbier ist ausverkauft, dafür aber probiert man mal das von der Konkurrenz und kommt mit der Bedienung ins Gespräch.

Die Zeit, welche diese kleinen Dinge in Anspruch nehmen, das ganze Drum und Dran, das macht hier das Leben zum Leben, gerade das ist es, was mir in Ghana gefällt und was ich in Europa vermisse. Der Alltag ist hier mit Leben gefüllt. Die Situationen sind hier immer auf Menschen zugeschnitten und werden nicht wie bei uns so oft zum abstrakten Selbstzweck. Zuhause kann ich zwar ein Dutzend alltäglicher kleinen Dinge in einer Stunde erledigen, wofür ich hier Tage brauchen würde. Jedes Detail ist besser in der Schweiz als in Afrika, die Hotels gepflegter, die Strassen sind besser, die Behörden arbeiten effizienter und intelligenter, das ganze System funktioniert besser, das Essen ist schmackhafter, der Kaffee geniessbarer, die Städte sauberer, die Kneipen voller, alles klappt höchst perfekt bei uns, und wird effizient und zu vollster Zufriedenheit erledigt und dann geht man wieder nach Hause, ohne dass wirklich etwas passiert ist. Kein Fleisch am Knochen. Nur Knochen, das ist das Leben in der Schweiz. Knochenhart. Komisch, es ist, wie wenn man alle positiven Aspekte unserer europäischen Welt miteinander multiplizieren würde, und das Resultat am Ende trotzdem im Minus steht.

Aber ich bin kein Afrikaner, die kulturellen und ethnischen Konflikte wären zu gross, um hier auf Dauer leben zu können. Nun, vielleicht gäbe es ja auch bei uns Leben im Alltag, wenn wir es bloss sehen würden. Es liegt vielleicht gar offen auf der Strasse, doch wir sind zu gehemmt, zu unterdrückt, oder orientieren uns zu sehr nach der Werbung, nach Trends oder was noch schlimmer ist, nach anderen Kulturen, so dass wir unsere eigene Identität nicht sehen können.

LIEBEN UND LEIDEN

Eine junge Frau sitzt vor dem Konferenzhaus, direkt neben meinem Gästehaus. Sie verkauft Honig und hat ein Kind auf den Rücken gebunden, ein ungefähr einjähriges Kind.

Wie alt sie sei, frage ich sie.

21, sagt sie.

Hübsch sei sie.

Sie lächelt.

Wo denn ihr Mann sei, der Vater des Kindes.

Sie habe keinen Mann. Ob ich verheiratet sei.

»Nein«, sage ich.

»O.k., dann heirate ich dich«, sagt sie ganz ernst.

Ob denn der Vater des Kindes nichts dagegen habe, spiele ich mit.

Nein, der sei in Tema und studiere dort. Sie sei frei. »Und wenn du das Kind hier nicht willst, so gebe ich es meiner Mutter und wir können ein eigenes machen, du und ich, unser Kind. Wann nimmst du mich mit in dein Land?«

»Ich werde dich nicht in mein Land nehmen, da ich in Ghana bleibe«, entgegne ich.

»O.k.«, sagt sie, »dann bleibe ich auch hier.« Wann ich sie denn heirate, fragt sie, als ob dies das Normalste von der Welt wäre und man so was schnell und problemlos aushandeln könnte, wie wenn man ein paar Hühner kauft.

»Heute noch oder morgen«, witzele ich, wie immer bei solch absurden Situationen.

Sie jedoch findet das ganz o.k.

Ob sie mit mir Witze mache.

Nein, sagt sie, sie sei ganz ernst. »Weisst du, warum ich dich heiraten will?« fragt sie mich ganz naiv.

»Warum denn«, will ich wissen.

»Damit du mir Geld geben kannst, damit ich ein kleines Geschäft aufmachen kann.«

Wie ehrlich sie wenigstens ist, denke ich mir. Ja, ob sie denn nur an meinem Geld interessiert sei, ob sie mich denn gar nicht liebe?

»Doch, natürlich«, sagt sie ganz überzeugt, »von ganzem Herzen liebe ich dich.«

Wieviel Geld sie denn brauche, will ich jetzt wissen.

»Soviel du mir gibst.«

Und was sie denn für ein Geschäft betreiben wolle?

»Ja, was immer du mir sagst«, ist ihre kurze Antwort.

Ich bestehe auf genauere Infos: »Ja, wieviel brauchst du und für was?«

»50 000«, sagt sie, damit sie ihr Unternehmen, Nähen und Flicken, ausbauen könne.

Das sind etwa 50 Franken, dafür will sie mich also heiraten.

»Und wie lange bleiben wir denn verheiratet, ein Jahr oder wie lange?« frage ich sie jetzt.

»Nein, mehr, sechs Jahre oder zehn Jahre oder gar nur eine Heirat, bis Gott einen von uns zu sich ruft.«

Wie schön das doch alles tönt. Und sie meint es auch noch ernst. Oder sie lügt wie gedruckt. Ob sie heute nacht zu mir komme?

Vielleicht, vielleicht nicht, da sie noch Fufu stampfen gehen müsse, und vielleicht bleibe da keine Zeit mehr. Aber morgen, morgen könne sie kommen. Aber ich solle doch heute noch ihr Haus anschauen kommen, sagt sie.

»Warum?« frage ich.

»Ja, ich habe jetzt dein Haus gesehen, und deswegen sollst du auch mein Haus sehen, das ist alles.«

Er kam direkt auf mich zu, die Hand schon ausgestreckt. Ich wusste bereits, mit wem ich es zu tun hatte, denn ich hatte sein Auto gesehen, das am Strassenrand geparkt war. *German Development Service*, stand auf der Seitentür in grossen Lettern. Und daneben die deutsche und die ghanaische Flagge.

»Hallo, wie geht's», sagte ich auf deutsch.

Gut, meinte er.

Er war ein hagerer Typ mit einer Pilotenbrille, der mir nie richtig in die Augen guckte und dabei immer schnell zur Sache kam und nicht lange um etwas herum redete.

Anscheinend suchte er keine Kommunikation mit mir. Er arbeite da hinten bei der Berufsausbildungsanstalt, sagte er, wenn ich wolle, könne er es mir rasch zeigen. O.k., warum auch nicht, sagte ich mir.

Wir fuhren mit seinem Pick-up hin. Das Areal war nicht so feudal, nicht so kolonialistisch wie die Anlage der Presbyterianer. Aber dafür wird dort gearbeitet und unterrichtet. Dass aus dem Geld hier mehr gemacht wird, als hinter angenehmen Fassaden schöne und heilige Sprüche zu klopfen, merkte ich sofort. Die Schüler werden durch Tests ausgewählt. Das Projekt, ein Entwicklungshilfeprogramm, wurde 1979 unter deutscher Führung gegründet.

»Jetzt sind wir in der Phase der Ablösung. Bis in drei Jahren wollen wir, dass die Ghanaer die Schule selber führen können.« Er sei hier eine Art Supervisor während der Übergangsphase. Die Leute in Deutschland vom Ministerium für Entwicklungshilfe seien nicht interessiert, was hier unten geschehe, die wollten einfach das Geld, ihr Budget loswerden, es irgendwie verteilen; was dann im Empfängerland passiere, sei denen egal. Und jetzt sei sowieso langsam Schluss mit dem Spendieren. Die allgemeine Stimmung habe umgeschlagen. Wie wolle man dem Steuerzahler heutzutage noch klarmachen, dass ein Projekt im 18. Jahr immer noch von den Deutschen finanziert werden müsse? Andererseits wüssten die deutschen Steuerzahler jedoch nicht, dass Projekte in Afrika, würden sie nicht mehr von den Weissen geleitet, chancenlos seien und dass es dann nur eine Frage der Zeit sei, wann die jahrelange Arbeit zerstört wäre.

Darauf zeigte er mir die Ecke, wo gemauert worden war. »Gar nicht so schlecht für Jungs im ersten Jahr«, sagte er mit Vaterstolz. Darauf gingen wir in die Schreinerei. Er selber sei Schreinermeister und schon fünf Jahre in Afrika, vorher drei Jahre in Togo und jetzt hier.

»Aber in zwei Jahren ist mein erstes Kind im Schulalter, und ich will, dass es in Deutschland die Ausbildung bekommt. Hier gibt's ja nichts Rechtes.« Er sei mit einer Togoerin verheiratet und habe zwei Kinder. Er sei jetzt 35, und darum werde es langsam Zeit, dass er zu Hause nicht den Kontakt verliere, meinte er, während er schon das nächste Zimmer ansteuerte und mich kurz angebunden vorstellte. Dort wurde gehobelt. Das seien die Stifte vom ersten Jahr. Er führte mich weiter rum, zeigte mir die Näherei, die Theorie- und Klassenzimmer. Alles handwerkliche Jobs würden hier gelernt, gutes deutsches Handwerk, seriös und perfekt. Er stellte mich überall vor, alles ging ganz schnell, ruckzuckzackzack, und schon wurde ich mit einem Händedruck wieder entlassen. Er habe zu tun.

Es klopfte an die Eingangstür, und zwei Angestellte des Ramseyer Training Centers kamen mit einem Weissen herein. Ein neuer Gast. Anfangs waren wir cool und sehr förmlich zueinander, hatten wir doch dasselbe Wohn- und Esszimmer zu teilen. Da ich vor ihm hier gewesen war, war ich auch der Platzhalter des Reviers und er als neuer Gast hatte Anspruch auf einen Teil davon. Schliesslich sind wir doch zivilisierte Menschen, die ihre Revierkämpfe nicht mit Fauchen, Beissen und Raufen austragen.

Wie lange er schon hier in Ghana sei. 16 Jahre, sagte er. Er sei Missionar. Schon wieder so ein Sektenheini, ging es mir durch den Kopf. Vorher sei er schon 10 Jahre in Äthiopien gewesen.

Wir checkten uns gegenseitig ab und machten dabei auf *Small-talk*. Dann kam das Essen. Er als guter Christ senkte kurz sein Haupt auf seine gefalteten Hände, und ich als hungriger Feinschmecker hielt schon die Gabel in der Hand und wartete auf das Signal, loszuschlagen. Dann assen wir. Er ziemlich hungrig, hektisch und laut. Sehr wahrscheinlich hatte er seinen Boss eben in einem Stossgebet um Verzeihung gebeten, da er wusste, dass er mir gleich auf die Nerven gehen werde. Ich versuchte zuerst noch etwas Stil zu wahren, eiferte ihm aber bald nach. Und so schmatzten, kauten und schluckten wir im Duo um die Wette. Nach dem Essen setzten wir uns auf die Polstergruppe, jeder ein Sofa für sich beanspruchend. Ich, ganz Schweizer, kreuzte meine Beine. Er, ganz Amerikaner, streckte seine Beine vor meiner Nase auf dem Salontisch aus.

Dann machten wir Konversation. Zeigten uns gegenseitig, wie gebildet wir waren, was wir alles wussten und in welchem Zusammenhang wir es sähen. Logischerweise lenkte er das Gespräch bald auf die Bibel und zeigte mir ein neues Exemplar, das er wie ein Zauberer aus der Mappe zog: »Geschrieben in modernstem gesprochenem amerikanischem Englisch«, verkündete er stolz und wollte damit wohl sagen, dass auch die Christen modern geworden seien und nicht mehr wie früher hinter dem Mond mit ihrer diffusen und veralteten Sprache. »Es liest sich wie ein Roman, wie ein Buch von heute.« Sogleich zauberte er eine andere, eine konventionelle Bibel aus der Mappe und forderte mich auf, einen Abschnitt der beiden verschiedenen Exemplare mit ihm zusammen zu vergleichen. So sassen wir da, jeder mit einer Bibel vor dem Gesicht, und er las mir einen kurzen Abschnitt aus der alten Bibel vor, und ich musste ihm bestätigen, dass in meinem Exemplar, seiner modernen Bibel, etwas ganz anderes stünde. Gut hat er das gemacht – er muss wohl Erfahrung darin haben, jemandem eine Bestätigung für den Unterschied der beiden Bücher abzuringen, die er dann auf einer ganz anderen Ebene interpretierte, nämlich, dass an Jesus Christus zu glauben modern sein könne. Glaube in amerikanischem Slang. Neuzeitlich glauben.

Dann sprachen wir noch etwas nett und freundlich miteinander, jeder ein paar Themen aufgreifend: ich über Schweizer Uhren, über Skifahren und Interlaken im allgemeinen und über die deutsche Sprache im besonderen. Er über Amerika, den Bürgerkrieg, den Goldrausch im letzten Jahrhundert, über Kalifornien und die Ausmasse der verdorbenen Jugend heuzutage.

Danach sprachen wir noch über die Poster, die an der Wand hingen, ob darauf Venedig oder Istanbul abgebildet sei, ob jenes Bild in Afghanistan oder in Jordanien aufgenommen worden sei. Bei San Francisco waren wir uns einig. Ansonsten schauten wir, dass die Punkte immer gleichmässig verteilt blieben. Wurde es für den einen im Quiz des Alltagswissens zu peinlich, so wechselten wir sofort das Thema, um, gentlemanlike, dem andern auch wieder einen Punkt zukommen zu lassen. Freundlich und nett redeten wir uns durch das Weltgeschehen, wenn auch mehr über dasjenige von vorvorgestern oder noch früher als über die uns bekümmernden Ereignisse heutzutage. So gerieten wir nicht in einen Konflikt und liessen die Welt dabei in Ordnung bleiben.

Obroni, how are you, Obroni, how are you. Obroni, how are you. Obroni, where do you go. Obroni, where do you come from. Obroni, give me your watch. Obroni, give me your address. Obroni, obroni, obroni.

Von jeder Strassenecke ist es zu hören, jedes Kind schreit es mir nach, hört nicht auf damit, bis ich reagiere, bis ich die Hand hebe, ein Lächeln aufsetze, winke oder »*I am fine!*« rufe.

Der Ruf »Weisser Mann, wie geht es dir?« ist zu hören aus jedem Fenster, aus jedem Haus, im Chor aus ganzen Klassenzimmern, von an Strassen sitzenden und Esswaren verkaufenden Frauen, von Halbwüchsigen, die ihre Chance wittern, etwas Kleingeld zu ergattern. Es ist kaum auszuhalten. Komme ich am Morgen aus dem Gasthaus, ein wenig verschlafen noch, und möchte nur schnell in den Laden vis-à-vis, um ein bisschen Brot fürs Frühstück zu kaufen, fängt es gleich wieder an mit der übertrieben freundlichen Grüsserei. Gestern habe ich mal nachgegeben und mit jemandem ein paar freundliche Worte gewechselt, und heute denkt der schon, ich sei sein bester Freund, passt mir ab vor dem Hotel, lungert stundenlang herum, um dann, kaum bin ich zu sehen, in ein Freudengeschrei auszubrechen: *Obroni, how are you this morning!?* Es ist kaum auszuhalten. Und dies ist nicht etwa nur ein Auftritt von heute und morgen, auch kein Tourneestück, das ich für ein paar Tage spiele, nein, das geht jetzt schon seit Wochen so! Überall, wo ich hinkomme, verfolgt mich das gleiche Geschrei. Es ist kaum auszuhalten.

Heute morgen ging ich also ins nächstgelegene Kaff. Ich wollte mal schauen, wie dort die Aussicht so ist. Hier in Abetifi gibt es Häuser mit Terrassen und Sicht auf den Regenwald. Man sieht das ganze bewaldete Flachland unter sich ausgebreitet, in der Ferne gar den Voltasee.

Die Reise beginnt: Ich nehme ein Taxi, quetsche mich auf den Rücksitz neben ein fettes Weib, welches mir mit dem ganzen Gewicht an die Brust drückt. Wir sind zu viert auf dem Hintersitz, wie üblich, und als Rechtsaussen werde ich an die Türe gequetscht. An der anderen Türe klebt ein junges Mädchen, vielleicht 17, hübsch. Und neben mir diese Matrone! Wie ungerecht die Welt doch ist.

Das Nachbardorf scheint ein wenig kleiner zu sein als Abetifi. Irgend etwas Müdes und Düsteres geht davon aus. Wie ein Geisterdorf, ziemlich verlassen kommt es mir vor, und die Bewohner, die sich zeigen, scheinen auch nicht ganz auf der Höhe zu sein. Oder kommt es mir nur so vor? Sogar die wohlbekannten Obroni-Rufe bleiben aus. Am Strassenrand sitzen die Bewohner und schauen mich düster und ausdruckslos an. So drücke ich mich die Hauptstrasse hinunter, verfolgt und beobachtet von unzähligen Augenpaaren. Da wage ich einen Fluchtversuch. Ich zweige von der Hauptstrasse ab. Aber da wartet bereits der nächste auf sein Opfer. Ein Mann grüsst mich von weitem. Es ist der Dorflehrer, wie er sich selbst vorstellt. Ja, auf den hatte ich gerade noch gewartet. Er ist sofort, noch bevor ich ihn darum bitte, bereit, mir das Dorf zu zeigen.

Sie würden hier vor allem an Wassermangel leiden. Früher, vor dem Bau des Staudammes, sei es anders gewesen. Heute seien die meisten Einwohner abgewandert, nur ein paar Reiche aus Accra bauten sich hier noch ihre Villen auf den Hügeln mit Sicht auf den Voltasee, den ich tatsächlich in dunstiger Ferne erkennen konnte. Die hätten genug Geld, sich einen

Brunnen im Haus bohren zu lassen und seien nicht auf das Regenwasser angewiesen wie der normal Sterbliche. Überall fallen mir nun direkt in Tanks geleitete Dachrinnen auf. Wir schreiten zusammen durch das verlassene, dürre und ausgemergelte Dorf. Jetzt fängt er auch noch an, mich überall vorzustellen. Ganz stolz ist er auf mich, oder wohl besser auf sich. Ich spiele zwar die Hauptrolle in seinem Stück, doch der Regisseur ist er, der mich nach Lust und Laune auch mal zum Statisten erniedrigen kann.

Händeschütteln, freundlich lächeln. Ja, ich komme aus der Schweiz. Ghana ist sehr schön. Nein, ich gehe noch nicht nach Hause. Es geht mir gut, danke. Und Ihnen? Hat mich gefreut, Sie kennenzulernen. Also dann, auf Wiedersehen.

Es ist ein Spiessrutenlaufen. Dann will er mich noch schnell hier vorstellen, noch schnell dort vorbeigehen. Alles nach einer fixen Route, die nur er kennt. Ich werde langsam müde, mehr noch, ich fühle mich schlecht, ausgemergelt, es wird mir schwindlig, als ob die ganze schlechte Stimmung des Dorfes auf mir lasten würde. Und trotzdem, ich darf mich nicht gehen lassen, darf mich nicht einfach irgendwo unter einem Baum ausstrecken, nein, die Liste der gesellschaftlichen Verpflichtungen, die er für mich führt, ist noch lang. Und nach einer kurzen Rast auf einem Stuhl vor dem Klassenzimmer der Primarschule, wo seine Frau Lehrerin ist, die mir natürlich vorgestellt und extra zu diesem Zweck aus dem Klassenzimmer gerufen wird, gehe ich eher noch matter als zuvor weiter. Das Geschrei, die ununterbrochene Konzentration der Kinder auf mich, hat mir den Rest gegeben. Jetzt kann ich die Popstars verstehen, die sich arrogant und unfreundlich der Menge entziehen, ich kann Michael Jackson begreifen, wenn er unter den enthusiastischen Rufen des Pöbels mit Hut, Sonnenbrille und einem Taschentuch vor der Nase in Afrika herumläuft, beschützt von Bodyguards, wenn er ab und zu mechanisch lächelnd den Arm zum Gruss hebt und dann schnell in der nächsten Limousine oder dem nächsten Hoteleingang verschwindet. Ich aber bin ungeschützt. Ich bin nicht Michael Jackson.

Dann schleiche ich wieder der Hauptstrasse zu, nehme meinen ganzen verbliebenen Mut zusammen und lasse mich nicht mehr irgendwohin schleppen, obwohl es der Herr Lehrer weiterhin versucht, denn viele Leute stehen noch rum, viele Hände wollen noch geschüttelt werden.

Plötzlich wird das Dorf lebendig. Überall stehen sie jetzt herum und warten auf mich. Doch ich dränge der Hauptstrasse entgegen. Nein, sage ich mit allerletzter Kraft, ein entschiedenes Nein! Eine Bar taucht auf. Das ist meine Rettung. Lass uns was trinken, sage ich zum Dorflehrer. Ich bestelle eine Cola, die mir nach dem ersten Schluck fast den Atem raubt und den Hals zuschnürt, als ob es Gift wäre und mein Körper Gegenmassnahmen ergreifen müsse, um das Gift abzuwehren. Doch ich setze mich gegen die Säure durch, schliesslich brauche ich Flüssigkeit und ein wenig Nervengift. Was er denn möchte? Ein Bier, sagt er. Er nimmt es aber doch nicht, er trinke es später, nach der Arbeit, und schon bin ich wieder 1000 Cedi losgeworden. Das ist zwar so gut wie nichts, trotzdem aber zahlte ich nicht gerne, da ich mir blöd vorkomme, ausgenutzt und missbraucht. Doch für ihn ist es immerhin ein durchschnittliches Tagesgehalt für eine Tour, zu der er mich genötigt hatte. Doch ich zahlte, einfach nur darum, um ihn loszuwerden, um aus der Touristenfalle entfliehen zu können.

Ein Typ in der Bar meint noch, er und die Afrikaner leideten so sehr, weil ich eine Cola trinken könne und er sich nur dieses Eiskenkey-Wasser leisten könne. Und überhaupt leideten die Afrikaner viel mehr, hätten wir doch so viel Geld in der Schweiz. Den Einwand, Ghana hätte doch Goldminen, einige der grössten der Welt, lässt er nicht als leidensmindernd gelten. Das ist dann doch zuviel für mich. Ich sitze da, fix und fertig, und er und das ganze Dorf entziehen mir die letzten Energiereserven, und dann will er mir gar die Möglichkeit des Leidens absprechen, nur weil ich weiss bin und reich sein soll.

Endlich kommt das nächste Trotro, ich kaufe noch ein paar Bananen und fahre zurück in die Geborgenheit meines Gästehauses, das ich jetzt wieder alleine bewohne, und fühle mich gleich wieder viel besser, wenn auch immer noch müde und matt.

Er flog. Dass es so was noch gibt. Junge Leute, junge Liebe. Liebe zwischen den Völkern. Fast hörte ich sie wieder, die Glocken der Rastas und die der Kommunisten und der anderen Träumer: Völker aller Länder, vereinigt euch.

Er habe ein Auto gekauft, einen Mitsubishi Bus für drei Millionen Cedi, rund 3000 DM. Damit fahre er bald 1000 Mark pro Woche ein. Die Kalkulation sei einfach. Wenn der Bus jeden Tag zweimal zwischen Accra und Winneba hin- und herfahre und 16 Leute geladen habe, so komme man leicht auf diesen Betrag.

Und wie's denn mit den Ausgaben sei, wollte ich skeptisch geworden, wissen.

»Ja, lass uns das erst mal nicht berechnen, rechnen wir erst mal die Einnahmen pro Monat aus.«

Ach so. Und wieviel er denn bis jetzt eingenommen habe?

»Ja, also, bis jetzt ..., also im Moment steht der Bus irgendwo und hat eine Panne. Weil irgend so ein Typ die Windschutzscheibe kaputtgemacht hat, und die haben einfach kein Geld, um das zu reparieren. In Afrika hat niemand Geld, deswegen ist es für uns auch so einfach, hier Geld zu investieren und etwas damit zu verdienen.«

Gut, ich liess erst mal fünf gerade sein, sagte ihm nur, jeder müsse halt so seine Erfahrungen machen. Er ist erst 24 Jahre alt, hat lange Haare, in Zöpfchen geflochten, eine Pilotenbrille sitzt auf seiner langen Nase und ein sehr farbiges Haweiihemd gibt ihm noch den Rest. Er wolle hier nächsten Monat heiraten.

»Mein Vater hat nicht mal was gesagt. Ich dachte schon, der falle in Ohnmacht. Aber er wird einfach runter fliegen und an der Hochzeitsfeier teilnehmen. Ist doch super, oder?«

Die Frau, eine bildhübsche 26jährige, wie das Bild zeigte, das er ganz freudig aus der Brieftasche zog, scheint eine eifrige Studentin und Anwärterin auf die Oberschicht zu sein. »Ich will alles und will es jetzt und wenn's nicht klappt, so flippe ich aus und nehme einen anderen«, flüsterte sie mir in einer unsichtbaren Sprechblase zu.

Sie sei die Schwester eines Typen, den er im *Picadilly* kennengelernt habe und der schon lange bei der Lufthansa arbeite. Das *Picadilly* ist jenes Lokal in Accra, wo Nutten und andere zwielichtige Gestalten Jagt auf Weisse machen.

»Ab sofort fliegen wir für 25 Prozent. Dann fliegen wir sicher ab und zu mal hin und her.«

Ob er denn schon mal mit ihr im Bett gewesen sei, wollte ich nun wissen?

»Nein, noch nicht. Das ist ja gerade das Geile daran. Das schickt sich nicht. Sie kommt aus gutem Hause, da gelten noch die alten Regeln. Es ist noch zu früh. Ich glaube ja auch nicht unbedingt an Liebe auf den ersten Blick. Aber es war so! Heute abend gehen wir zusammen ins National Theater, dort gibt es eine Vorstellung mit Musik, Tanz und Kunst. Morgen ist ja der Unabhängigkeitstag, und da treten die berühmtesten Musiker und Künstler Ghanas auf. Wann genau es anfängt, weiss ich nicht, meine Frau weiss es aber. Unverschämt teuer. 25 Tausend Cedi pro Person. Wie bei uns zu Hause. Einfach geil.«

Er flog und flog, von Baum zu Baum, von Mast zu Mast, ganze Erdteile liess er im Flug hinter sich. Junge Liebe, frische Liebe, Optimismus, der Glaube ans Gelingen. Alle Kraft voraus. Die Zukunft gehört mir. Oder sie existiert nicht.

Zu meiner Skepsis und Besserwisserei gesellte sich dann doch noch die Hoffnung auf die Möglichkeit des Gelingens der Liebe zwischen den Kulturen. Bis jetzt hatte ich ja immer nur Typen mit dem *Danach-Syndrom* kennengelernt oder mit der *Mitten-drin-Problematik*. Aber einen *Vorher-ist-alles-goldig-Typen* habe ich bis jetzt in Afrika noch keinen getroffen. Aber vielleicht macht die neue Generation ja auch alles viel besser.

Und wenn dann erst mal die Windschutzscheibe repariert ist und er 1000 Mark pro Woche einfährt und für 25 Prozent hin und her fliegt, und wenn er erst mal rangegangen ist, und wenn ... dann ...

GESCHÄFTSGEBAREN

Ein Kegel schwimmt in der Etagentoilette. Wieder gibt's mal kein fliessendes Wasser. Und geputzt scheint sie noch nie geworden zu sein. Mittlerweile habe ich mich an schmutzige, und ich meine wirklich schmutzige, Scheisshäuser gewöhnt. So ist das halt in Afrika. Ein esoterisierter Optimist und notorischer Afrikafan würde hier sagen, dass die hier noch zu ihrer Scheisse und ihrem Schmutz, ihrem Abfall überhaupt, stehen. Er würde sagen, dass die ihre Überbleibsel nicht einfach – wie wir – wegspülen, wegputzen, übertünchen und verdrängen, aus dem Auge, aus dem Sinn, nein, nicht die Afrikaner. Er würde ganz überzeugt sagen: Das schmutzige Afrika steht eben noch zum Leben, wie es ist, mit all seinen Unannehmlichkeiten und dem ganzen Dreck.

Diffuses Licht herrscht im geräumigen, düsteren Zimmer. Autohupen und Motoren sind von der Kreuzung her zu hören. Ich bin wieder zurück in Kumasi, dem kulturellen Zentrum Ghanas. Laut Reiseführer. Ich wohne in einem günstigen, nicht ganz sauberen, dafür zentral gelegenen Hotel. Ebenfalls laut Reiseführer. Da bin ich gelandet, besser gesagt: gestrandet.

In einem Peugeot Combi, mit einer dritten Sitzreihe, sind wir zu acht durch die Landschaft geflitzt. Schnell rasen die Bäume vorbei. Kleine Bäume, dicke Bäume, grosse Bäume, schlanke Bäume. Alle grün. Einige mit langen, nackten Stämmen und grossen Kronen. Andere ragen kerzengerade gegen den Himmel, die Äste fangen schon ganz unten an und stapeln sich, Ast an Ast, in die Höhe, dem Wipfel entgegen. Bäume und Bäume und Sträucher und Sträucher, so weit das Auge reicht. In allen Grössen und Formen. Ein Botaniker würde jetzt allen einen wohlklingenden, akademischen Namen geben. Oder einen Zungenbrecher. Würde sie wohlgeordnet aufreihen, so dass es bäumig zu lesen wäre. Für mich als Reisender sind es aber einfach Bäume. Im Regenwald. In der grünen Hölle. Im Käfer- und Insektenparadies. Überall gibt es sie hier, die Insekten. Mücken – stechen tun sie alle, mit oder ohne Malaria. Käfer in allen Grössen und Farben. Ameisen, kleine braune und grosse rote. Insekten, alle erpicht darauf, uns das Leben schwer zu machen. In den zweieinhalb Monaten, wo ich in Ghana bin, ist wohl kaum ein Tag vergangen, an dem ich mich nicht irgendwo kratzen musste. Mal juckte es an den Oberschenkeln, mal an den Fesseln oder an den Armen, mal am Arsch. Am Rücken ist es besonders schwierig – da muss ich mich jeweils an einen Stuhl oder gar an einen Baum lehnen, so wie die Kühe, und mich dagegen reiben, damit es kratzt. Immer habe ich irgendwo einen kleinen Einstich.

Grüner Regenwald rast vorbei. Autos rasen. Wir befinden uns auf der Strecke Accra-Kumasi, die meistbefahrene Strecke Ghanas. Es stinkt. Die Autos, ausgebootete oder entsorgte alte Wracks aus Europa, die bei uns nicht mehr fahren dürfen, da sie entweder gegen das Umwelt- oder das Strassensicherheitsgesetz verstossen würden, ohne Katalysator, mit defekter Verbrennung, gar auf Achsen, die verschoben sind, so dass die hintere etwa einen halben Meter weiter rechts von der vorderen nachgezogen wird. Aber es fährt.

Alles fährt. Alle Vehikel fahren drauflos und sind froh, dem Autofriedhof in Europa gerade noch einmal entkommen zu sein. Es riecht nach süssem Benzin und stinkt nach russigem

Diesel. Ganze Dieselschwaden, schwer und schwarz, hängen über der Strasse, verhindern manchmal gar die Sicht, so dass die ohnehin schon halsbrecherischen und selbstmörderischen Überholmanöver noch riskanter und verrückter werden.

Vogel-Strauss-Methode, Lektion 1: Am besten, man überholt einen Hügel aufwärts fahrend, wo auf Sichtweite der höchste Punkt der Erhebung bald erreicht ist und man nicht weiss, was einem von der anderen Seite entgegen kommt. Ein Quiz für die Fahrgäste: Ist's ein schwerer, mehrachsiger Brummer mit hohem Dieselausstoss, oder ist's ein kleiner Bus oder gar nur ein Privatauto mit niedlicher, dünner Benzinfahne?

Gelegenheiten für den Wettbewerb gibt's viele. Die ganze Strecke lang geht's rauf und runter. Grüne Bäume und grüne Hügel ziehen vorbei. In allen Formen und Grössen. Häuser ziehen vorbei. Plötzlich steht eines still. Wir haben soeben angehalten und machen eine Pause. Eine Ortschaft auf halber Strecke. Aussteigen, pissen, etwas trinken, etwas Kleines essen, einsteigen, auf dem Fenster schauen, auf den Fahrwind warten. Die Hügel und die Bäume und die Häuser und die am Strassenrand stehende Bevölkerung ziehen wieder vorbei. Rasen bald vorbei.

Es wurde Abend. Der Schneider und Näher und die Lottoverkäuferin und auch die Friseurin fingen an, zusammenzupacken. Feierabend. Sie assen noch schnell eine Schale Reis oder verkauften einen letzten Lottoschein. Doch der Arbeitstag hinter dem *Montana* Hotel in Kumasi ging langsam dem Ende zu. Den halben Nachmittag hatte ich dort verbracht. Es ist nur ein enges Gässchen, welches zwei Häuserreihen voneinander trennt. Vielleicht drei Meter breit. Aber es dient nicht nur als Fussgängerdurchgang, sondern auch als Arbeits- und Verkaufsfläche. Viele kleine Stände reihen sich aneinander.

»Ich weiss die Lottozahlen von nächster Woche«, gab ich wieder mal zum besten. Schon oft in den letzten Tagen hatte ich den gebracht. Die Idee habe ich von einem alten Mann in Larabange, der am Morgen, als ich schon auf den Bus wartete, um weiterzureisen, ganz aufgeregt mit dem Fahrrad angefahren kam und sagte, er habe letzte Nacht einen Traum gehabt: Ein Weisser werde die Ortschaft besuchen, und der würde ihm die Lottozahlen von nächster Woche geben. Ich gab sie ihm, aber ohne Gewähr. Er müsse dann schon seinen Gott dafür verantwortlich machen, falls es ein Fiasko gebe. Und so erzählte ich die Geschichte der Lottofrau in einer Neuauflage:

»Ein weissgefiederter Engel ist mir im Traum erschienen – oder war's doch nur ein Chicken? (Lacher) –, und der sagte mir die Lottozahlen von nächster Woche. Selber kannst du nicht gewinnen, meinte er, du musst die Zahlen jemandem leise ins Ohr sagen. Du musst also auf den Gewinn verzichten. Der Lohn ist dir aber dafür im Himmel sicher. Und noch etwas: Es funktioniert nur, also die Zahlen kommen nur, wenn die betreffende Person dir Geld gibt. Gibt sie dir 50 000, dann gewinnst du eine Million. Gibt sie dir Cedi, gewinnst du Cedi. Gibt sie dir Dollars, gewinnst du Dollars.«

Oft glauben mir die Leute, andere ahnen den Witz. Meistens sind sie zu naiv oder glauben einfach, der weisse Mann habe eben diesen direkten Draht zu Gott oder doch wenigstens zu seinem Fussvolk und seinen Dienern, den gefiederten Engeln. Die Frau hier fand es aber ganz lustig und spielte mit, nicht ohne zum Schluss dennoch ein paar Zahlen von mir zu verlangen.

Es war Abend geworden, und der nachmittägliche Spass war zu Ende. Ein paar Meter weiter drüben befand sich ein Strassenkaffee, ein Inlokal, wo sich die junge, aufstrebende, westlich orientierte Mittelschicht bei den neuesten Rhythmen aus der westlichen Techno-Retorte amüsierte. Dorthin ging ich als nächstes.

Er sass alleine an einem Tisch. Ich schätzte ihn so gegen die 50. Die übertrieben gescheckte Brille war das einzig Farbige an ihm. Er rauchte eine Zigarre, das machte mir Eindruck.

Woher er die denn habe, fragte ich ihn, mit einer entschuldigenden Miene, da er gerade intensiv in einer Computerfachzeitschrift las. Die habe er von Holland mitgebracht, er rauche so viele davon, dass er süchtig sei, da müsse er einfach welche mitnehmen. Auf meine Frage, was er denn hier in Kumasi tue, sagte er, Studios für Musiker verkaufen. Ausrangierte alte technische Anlagen von Holland nach Ghana transferieren.

Später kam ein Afrikaner dazu, sein Geschäftspartner hier, wie sich herausstellte. Der zeigte ihm auch gleich einen kleinen Ohrenhänger mit original antiken Glasperlen. Das weckte sofort mein Interesse. Bald fand ich heraus, dass er nicht nur Musikstudios verkaufte, sondern auch Geschäfte mit Antiquitäten machte. Er habe eben 20 antike Stühle gekauft, teilte er mir lässig mit. Das sei ein gutes Geschäft, er importiere riesige Mengen von dem Zeug nach Holland.

Er gab mir bereitwillig Auskunft, wie das mit dem Verschicken der Fracht funktioniert, per Schiff oder per Luftfracht. Er gab mir auch gleich die Telefonnummer von seiner

Agentur, die mir beim verfrachten behilflich sein könne, falls ich auch etwas exportieren wolle. Sein Geschäftspartner am Tisch hatte natürlich alles mitbekommen und lud mich gleich für den andern Tag zu einem Treffen ein, wo er mir Antiquitäten und auch neuere Waren zum Verkauf anbieten wolle.

Wie wichtig ich mir plötzlich vorkomme im Fond eines Taxis mitten im Feierabendverkehr. Ich bin auf dem Weg nach Hause, ins Hotel und geniesse es, nicht wie der einfache Pöbel gehen zu müssen, der sich zu Fuss mühsam seinen Weg durch das Gewühl bahnen muss. Für mich, den Privilegierten im Taxi wird dieses Chaos zu einer Augenweide, als ob ich einen Film über das bunte und chaotische Leben auf Afrikas Strassen sehen würde. Ich bin jetzt ein Geschäftsmann.

Noch heute morgen war ich selber durch dieses Gewühl zum Markt gegangen, um Abu, den Antiquitätenhändler zu treffen. Noch heute morgen kämpfte ich mir selber den Weg zu Fuss durch den Dschungel des grössten Marktes Afrikas, wie der Markt in Kumasi genannt wird. Bude an Bude, Stand an Stand, Gemüse, Tomaten, Zwiebeln, getrockneter Fisch neben Batterien, Pfannen neben alten Statuen, Perlenketten neben verfaulten Früchten und allerlei Plastikzeug waren da zu sehen.

Verschwitzt und durstig erreichte ich gegen elf Uhr den Punkt X, wo ich mich mit Adu verabredet hatte. Ein Schlüsselmacher wies mir den Weg, als ich nach Abu fragte, er schien Bescheid zu wissen, dass ich kommen würde. Im Laden selbst waren nur seine Partner anwesend, etwas später traf Abu, die Autorität, dann selber ein. Und schon kamen sie alle anmarschiert, die Händler, und witterten ihre Chance und wollten mir alles Mögliche andrehen: Garantiert antike Glasperlen für unverschämte Preise, nicht ganz astreine antike Masken und Statuen und alte Hocker, wo garantiert schon wichtige Chefs drauf gesessen haben, wie mir beschwörend versichert wurde. Davon kaufte ich gleich mal ein paar Stück. Da wurde es plötzlich ganz hektisch, als sie merkten, dass ich Geld dabei hatte, und willens war, einzukaufen. Ein kollektives Fieber brach jetzt aus, die Händler fingen an zu schwitzen, redeten wirr durcheinander, jeder wollte mich erreichen, streckte mir seine Sachen entgegen. Ich selber sass in der hintersten Ecke des sehr kleinen Ladens und bekam langsam Platzangst und auch sonst ein komisches Gefühl. Eingeklemmt zwischen Stuhl, Tisch und Gestell, sass ich da, die Tasche mit dem eben gewechselten Geld, 750 000 Cedis, lag direkt neben mir, ich hielt mich an ihr fest, öffnete sie nur einen Spalt breit, um jeweils das Geld herauszuzählen, wenn ich mich wieder für ein Stück entschieden hatte. Je mehr ich kaufte, desto mehr nahm auch das Gefühl zu, dass ich ausgetrickst würde, dass ich abgezockt werden solle, dass ich zuviel für die Sachen bezahlte. So riss ich mich los, wies nun alle neuen Stücke zurück, kaufte nichts mehr und bestellte mir ein Taxi.

Da sitze ich jetzt im Fond und fühle mich als erfolgreicher Geschäftsmann und gehe, um den ersten Einkauf zu feiern, wieder in das Inlokal neben meinem Hotel und bestelle mir ein Bier.

Gespreizte Beine am Tisch. Fünf Däninnen und drei Ewe-Typen. Zeitgenössische Musik. Irgend so ein Krach wie in einer Maschinenfabrik. *Techno* eben. Viel Bier und etwas Regen. Die Däninnen mit den Negerfreunden sassen locker in der

Runde, die eine mit den ganz kurzen Hosen hatte ein Bein angezogen und auf den weissen Holzstuhl aufgestellt, so dass man das Höschen sehen konnte. Sie hatte eine Zigarette in der Hand, cool zog sie daran und sprach andauernd altkluges Zeug. Jung waren sie alle, so um die zwanzig. Die Typen etwas älter. Die beiden ohne Freund legten ein Bein züchtig über das andere. Die anderen drei sassen alle ziemlich breitspurig da. Der Anstand verblasst bei gewissen Frauen, sobald sie einen Schwarzen als Macker haben.

»Kennst du diese Leute?«, fragte mich ein Einheimischer, der schon etwas älter war.

»Nein, ich bin alleine hier«, antwortete ich etwas gereizt, da ich keine Lust hatte, mit ihm zu reden.

»Geh nicht mit denen, das sind Buschleute«, klärte er mich nun auf, als ob ich erst vor kurzem auf dem Planeten Erde gelandet wäre und man mir in Sachen gut und böse noch Unterricht geben müsse, damit ich geschützt sei, vor den Gefahren des Alltags.

Mit den Buschleuten hatte er natürlich nicht die Däninnen sondern die Rastas aus der Voltaregion gemeint. Für mich aber waren die Däninnen die Buschleute.

Drei Däninnen, drei Rastas. Drei Doppelzimmer im Hotel *Montana*. Das macht zusammen sechs schwimmende Kegel auf dem Etagenklo. Meiner war nicht dabei, da ich es mir mittlerweile angewöhnt hatte, auswärts auf die Toilette zu gehen.

Und immer wieder Küsschen, und noch mehr Küsschen, und sogar mal einen öffentlichen Zungenkuss, so lange wie möglich und vor so vielen Leuten, sprich Zuschauern, wie möglich, in einem Land, wo sexuelle Zärtlichkeiten nicht öffentlich ausgetragen werden. Dies aber nahmen die Däninnen vor aller Augen für sich in Anspruch, forderten es gar ein von ihren Rastas. Und wehe, wenn da der eine ausscheren wollte, nicht mitmachen wollte, etwa für kurze Zeit gar nicht mit ihnen zusammen an einem Tisch sitzen, oder nicht einen neuen Gin nachbestellen wollte, wie es das feministische Kollektivverhaltensdiktat forderte, dann war da schon mal die Hölle los.

Und alle Leute in der Bar hatten ihre Show, respektive mussten das über sich ergehen lassen. Denn die Emanzen aus dem dänischen Busch hatten ja schliesslich die Moral und den Fortschritt und die intellektuelle Dialektik, ja gar die Verhaltensethik auf ihrer Seite.

Kommen sie doch nach Afrika und machen bei dieser »Korruption und dem damit zusammenhängenden männlichen Machtverhalten« nicht mit. Kommen sie doch ins Land und sehen die Missstände: »Hier sieht man jeden Tag Leute verhungern in den Hintergassen. Bei denen funktioniert kein Sozialsystem. Von jeder Krone, die ich in Dänemark verdiene, habe ich die Hälfte an den Staat abzugeben, und ich finde das gut so, denn bei uns gibt es keine Leute, die Hungers sterben. Und wenn bei uns welche betteln, so weiss ich, dass die zu viele Drogen nehmen. Aber wenn ich hier jemand betteln sehe, so weiss ich, dass er oder sie Hunger leidet und die Familie arm dran ist«, dröhnte sie voller moralischer Überlegenheit und bestellte gleich eine weitere Runde Gin für alle. Und um das Gesagte noch zu unterstreichen, fing sie ihren Neger zu streicheln an wie einen ergebenen Hund. Aber wehe, man wollte bei diesem kollektiven Trinkgelage, das sie grosszügig spendierte, nicht mitmachen, dann war man gleich *out*, wurde schnöde abgeputzt, dann geschnitten und ignoriert.

Ich gab es mittlerweile auf, mit der Dänen über die Welt, die Korruption, den Hunger und den Fortschritt des demokratischen Selbstbewusstseins, sprich: alle Macht den Feministinnen, zu sprechen. Nachdem ich mich also von dem Typen, der mich vor den Rastas, diesen Buschleuten, hatte warnen wollen, verabschiedet hatte, ohne aber zu vergessen, ihm wiederholt zu versichern, dass er keine Angst um mich zu haben brauche, da diese auffälligen Leute auch nicht nach meinem Geschmack seien, da ging ich zu einer Strassenverkäuferin und bestellte dort eine Omelette mit Reis. Und die war garantiert nicht aus dem Busch. Die Strassenverkäuferin, meine ich.

STRESS

7.30 Uhr, aufstehen. Der TV läuft. CNN *morning news*. Bob Dole hat irgend eine Zwischenrunde in New York gewonnen. Er strahlt auf dem Bildschirm, doch seine brave Frau daneben schaut etwas belämmert in die Kamera. Sie gibt sich Mühe, der Nation schon jetzt als Urgrossmutter vorzustehen. Die Republikaner sind gegen die Abtreibung. Ich pendle hin und her zwischen der Küche, wo ich mir einen Kaffee braue und der Stube, wo ich die Weltnachrichten nicht verpassen will. Sucht und Stress, schon am frühen Morgen. Kaffee und TV, im Wettlauf der Zeit. Ich wohne zurzeit in Accra bei Mike, der mit den vielen kleinen Kinderlein und dem Geschäft für falsche Haare, das er nicht mehr führen darf. Der Kaffee putscht mich auf und Mike lässt auf sich warten. Er ist noch mit dem Auto unterwegs.

Schon am frühen Morgen, noch im Halbschlaf, habe ich im Bett an meine Geschäfte gedacht. Einkaufen hier in Afrika, verkaufen in der Schweiz. Geld machen ist angesagt, mit Glasperlen, Trommeln und Holzschnitzereien. Meine Gedanken sind jetzt, während ich auf Mike warte, in Aburi, dort, wo die Holzschnitzer meine wertvollen Trommeln fertigen, die ich in Auftrag gegeben habe. Gestern hat mir Mike versprochen, heute mit mir dorthin zu fahren. Vorher würden wir noch eine Ungarin besuchen gehen, die mit Glasperlen zu tun hat. Sie sei Vizepräsidentin der Glasperlenvereinigung hier in Ghana. So gegen halb zehn kommt er endlich, doch er hat noch anderes zu tun, denn er erwartet heute abend seine drei kleinen Kinder, die ihn während des Wochenendes besuchen kommen. Da muss noch alles aufgeräumt und kindersicher gemacht werden.

Um zwei Uhr gehen wir. Die Frau mit den Glasperlen ist nicht zu Hause. Doch bevor es zu den Holzschnitzern geht, fahren wir noch kurz bei Aburi zu einem Typen, den Mike von früher kennt, der in Accra für eine grosse Firma tätig gewesen war. Ein reicher Mann soll er jetzt sein, gar ein Multimillionär. Doch sein Geld und seine Geschäfte interessieren mich jetzt nicht. Mich interessieren mein Geld und meine Geschäfte. Doch Mike hat anscheinend ernsthafte finanzielle Probleme und sucht deshalb seine alten reichen Freunde auf. Ob sie wohl immer noch seine Freunde sind?

Ob ich etwas kühles Wasser trinken möchte? Gerne. Dann machen wir noch einen Rundgang um das Luxushäuschen, auf den Hügeln von Aburi, mit Aussicht auf die Ebene von Accra.

Aber trotzdem wolle er nicht da oben wohnen. Er werde das Haus für 300 Dollar pro Monat vermieten, meinte der reiche Geschäftsmann. Ich fand ihn etwas sonderbar und verstand ihn nicht. Jetzt hatte er doch Millionen von Dollars, baut sich sein Traumhaus an schönster Lage und will es doch nur vermieten. Noch mehr Geld machen wolle er, und dafür müsse er in Accra wohnen. Dies scheint sein Lebenssinn geworden zu sein. Menschen sind komisch. Nach einem Händeschlag geht's endlich weiter zu den Holzschnitzern.

Kitsch, viel hölzerner Kitsch ist zu sehen. Mit roter und schwarzer Schuhcreme angemalte Negerfrauen mit Kindern an der Brust, Kindern auf dem Rücken, Kindern vor sich auf der Erde sitzend und mit Wasserbehältern oder Schalen auf dem Kopf, alles rudimentär aus billigem Holz geschnitzt. Ich kaufe ein paar Stücke davon. Doch meine Trommeln sind noch nicht fertig. Ich solle in ein paar Tagen wieder kommen.

Dann sind wir auch schon wieder im Auto und fahren mit geöffneten Fenstern zurück nach Accra. Leute stehen am Strassenrand. Dann bekommt Mike plötzlich ein wichtiges Telefon. Um sein Handy besser bedienen zu können, wartet er extra am Strassenrand an einer Kreuzung. Es ist sein Anwalt. Es geht um seine Frau, um die Scheidung, und um die Kinder. Irgend ein Problem liegt in der Luft. Trotzdem fahren wir zum Haus seiner Frau, um seine Kinder abzuholen. Doch das Tor zum Haus ist verschlossen, als wir dort ankommen. Nichts rührt sich. Jasmin, seine jüngere Tochter ist von weitem im Garten zu sehen. Seine Frau scheint sich nicht an die Abmachung zu halten und will die gemeinsamen Kinder nicht mehr mit ihm teilen. Er wird aggressiv und spricht von Rache. Spricht von Mafiamethoden, die er anwenden wolle, wenn er nicht zu seinem Recht und zu seinen Kindern komme. Er schwört blutige Rache. Ihre ganze Familie will er plötzlich bedrohen.

Dann fahren wir weiter im Abendstau durch Accra, um sein anderes Kind, das aus dem Seitensprung, zu holen. Diesmal klappt es und sein Töchterchen hüpft ihm freudig entgegen und klettert auf den Hintersitz. Zu Hause ist Essen angesagt, aber da ist nichts im Kühlschrank. Also geht's gleich wieder ins Auto und auf die Suche nach amerikanischen Hamburgern mit Pommes Frites. Das ist er seinem Schätzchen schuldig, die ja nur einmal pro Woche bei ihm ist.

Stress, Auto, TV. Immer war ich heute unterwegs. Und immer irgendwie am falschen Ort. Kaum sind wir irgendwo angekommen, mussten wir gleich wieder weiter. Den ganzen Tag lang, nichts als Auto, Nachrichten, Werbung, Stau, Strassen, Rufe von Unbekannten, Stress.

Jetzt sind wir wieder zu Hause. Endlich kehrt Ruhe ein. Nur das kleine Mädchen macht noch seine Kapriolen und ich denke an meine Geschäfte. Das war ein richtiger amerikanischer Tag, obwohl Mike ja eigentlich ein cooler Australier sein sollte.

»Gib mir 1000 Cedis, damit ich etwas essen gehen kann.« Schamlos machte er auf das arme Negerlein, das vom Weissen Mann ein Almosen erbittet. Fast wäre ich darauf reingefallen, so leidende Augen konnte er aufsetzen, und dabei hob er das T-Shirt und strich sich den Bauch, um das Hunger- und das Leidensgefühl damit noch zu unterstreichen. Und dabei war es wohl nicht mal gespielt, so sehr sitzt dieser Komplex im Gehirn des Schwarzen Mannes, dass der Weisse der Gönner ist und es auch zu bleiben hat. Jetzt kommt's: Ich hatte mit ihm, respektive mit seiner Familie, soeben ein Geschäft abgeschlossen und ihm Stühle und Holzschnitzereien für 500 Tausend Cedis abgekauft, was einem Betrag in der Grössenordnung eines durchschnittlichen Jahresgehaltes in Ghana entspricht! Wer wollte mit diesem Typen noch einmal Geschäfte machen? Wer ihm noch die Hand reichen und auf Wiedersehen sagen?

Die Einkäufe sind getätigt. Die Waren sind hier bei Mike in Accra in seinem Haus: verschiedene Trommeln und Musikinstrumente, geschnitzte Masken, grosse und kleine Statuen, Spiele aus Holz, und anderes mehr. Morgen werde ich alles zur Agentur bringen, die den Transfer mit der *Swissair* für mich organisiert. Einen halben Flugcontainer voll Ware habe ich zusammengekauft. So bleiben noch die Glasperlen, die ich fast vergessen hätte. Also fahre ich nochmals für ein paar Tage nach Koforidua, wo es einen grossen Markt für Glasperlen geben soll. Tatsächlich finde ich den besagen Markt und habe viel Spass dabei stundenlang mit den Händlerinnen zu handeln und ihnen Glasperlen, zum Teil altes Muranoglas aus Italien, zum Teil aber auch neuere afrikanische Perlen abzukaufen, so dass ich endlich drei ganze Plastiksäcke voller Perlen und Ketten mit nach Hause tragen kann.

Am Tag darauf hatte ich noch ein paar Einkäufe zu tätigen und ging mit dem Taxi in die Innenstadt. Unten am Meer auf dem belebtesten Platz in Accra passierte es dann. Ich sass im Taxi im Stau und hatte meinen linken Arm auf die Türe das heruntergekurbelten Fensters gelegt. Es ging alles blitzschnell. Ein junger Mann kam plötzlich aus dem Nichts auf mich zugeschossen und griff sich meine *Scuba Chrono Swach* von meinem Handgelenk. Damit das Stahlarmband in einem Ruck riss, musste er ziemlich derb in mein Fleisch greifen und ritzte mir dabei mit einem Fingernagel eine kleine sabbernde Fleischwunde in die Haut. Einen Augenblick später war er wieder im Feierabendverkehr verschwunden.

Er hatte wohl geahnt, dass bei mir die Tour *Gib mir deine Uhr* nichts fruchtet und hat mit dem dreisten Raubdiebstahl die direkteste aller Abkürzungen gewählt. Die etwa fünf Zentimeter lange Narbe trage ich noch heute auf meinem Handgelenk und sie erinnert mich wohl zeitlebens daran, dass auch Afrikaner wirklich böse sein können.

SCHWEIZER SEIN

Immigration zum ersten, zum zweiten, zum dritten, zum vierten, zum fünften, zum sechsten und Immigration zum siebten Mal. Sieben Wochen ist er jetzt schon bei der staatlichen Behörde. Mein Schweizer Pass.

Mit gespielter Gleichgültigkeit stach ich zum siebten Mal in die Räumlichkeiten meiner Feinde. Einer Deutschen, die auf dem schwarzen Sessel in der gekühlten Réception sass und die auch auf die Verlängerung wartete, sagte ich, siebenmal herkommen müssen sei der Durchschnitt, und falls ich den Pass heute zurückbekäme, so hiesse das, dass ich nur ein Durchschnittstyp sei, was mich schon etwas in meiner Eitelkeit treffen würde.

Aber zum Glück hat es dann doch geklappt, ich meine, dass ich den Pass noch nicht zurückbekommen habe. Ich wurde erst mal zur Kasse gebeten, musste 30 Tausend Cedi bezahlen und bekam dafür die verbale Versicherung, morgen um drei Uhr nachmittags meinen Pass ausgehändigt zu bekommen. Ich bedankte mich bei der Schalterbeamtin und gab dabei auch noch meiner Freude Ausdruck, dass sie mich morgen wieder zu sehen wünschte, und ob sie denn nicht Lunch mit mir nehmen möchte, da mein Gesicht ihr offensichtlich so gut gefalle, anders könne ich mein wiederholtes Auftretendürfen hier im Theater der Immigration nicht erklären.

»Ich gehe nicht eher weg von hier, bis ich meinen Pass habe.«

Innert ein paar Sekunden war ich mit meinem gleichgültigen Temperament von durchschnittlich 50 auf 200. Mein Atem und mein Puls fingen an zu rasen. Mein Gemüt, mein verletzter Stolz, mein Gerechtigkeitssinn und ich selber, wir hatten einfach genug.

»Sie beleidigen nicht nur mich, sondern sie beleidigen mein Land, die Schweiz. Dieser Pass ist nicht mein Eigentum, sondern Eigentum der Schweizerischen Eidgenossenschaft und somit ein Rechtsfall zwischen der Schweiz und Ghana. Mich geht das nichts mehr an. Heute bin ich zum letzten Mal hier gewesen, und ab sofort wird die Schweiz um ihr Eigentum zu kämpfen haben. Wenn wir in der Schweiz so mit euch umgingen, so würde sofort irgendein Komitee für die Rechte der Afrikaner in der Schweiz die Sache untersuchen, es publik machen, und schon hätten wir einen rassistischen Skandal, und die armen schikanierten Afrikaner kämen zu ihrem Recht. Aber hier in Ghana scheint es kein Recht zu geben!«

Doch auch das nützte nichts. Leere und desinteressierte Gesichter schauten mir entgegen, nahmen jedoch kaum Notiz von mir. Ein schwarzer Amerikaner, der auch einen Antrag stellte, versuchte mich zu beruhigen, sagte mir, dass sie nicht nur mit uns so umgingen, sondern auch mit ihm. Als ich ihm sagte, dass ich schon zum achten Mal hier sei, antwortete er mir, er zum zehnten Mal. Ich glaubte es ihm nicht. Ich wimmelte ihn ab, sagte ihm, dass er seinen Fall und ich meinen Fall habe und dass ich bereit sei, für mein Recht zu kämpfen und mich nicht von diesen Ignoranten und Idioten in die Knie werde zwingen lassen. Dann liess er mich in Ruhe.

Ich setzte mich, schmollte eine Stunde lang, beruhigte mich dabei etwas, stand wieder auf, ging zurück an den Schalter, das Zimmer war mittlerweile ziemlich leer, forderte nochmals entschieden meinen Pass zurück, erntete ein wortloses Kopfschütteln, worauf ich sagte, dass der Fall von nun an eine diplomatische Sache zwischen der Schweiz und Ghana sei und ich sofort meine Botschaft kontaktieren würde. Dann verschwand ich erhobenen Hauptes.

Draussen setzte ich mich in ein Taxi und fuhr zur Labadi Beach. Labadi schien so etwas wie eine Zuflucht für mich geworden zu sein, wenn ich besonders frustriert war. Denn Labadi liess mich noch mehr schmollen, in Labadi liess ich meine Wut an den stupiden und aufdringlichen Huren und den plumpen und frechen Verkäufern aus. Und wenn meine Wut dann durch die vielen Wellen vom Meer Stein geworden war, wenn sie sich also verfestigt hatte, zu einem unauflöslichen und festen Klumpen, dann ging ich wieder zurück in die Stadt und schwor mich zu rächen. Bis dann auch dieses Gefühl im Dschungel des Feierabendverkehrs verlorengegangen war.

Am andern Tag rief ich wirklich um 8.30 Uhr in der Früh die Schweizer Botschaft an. Ein Herr Schwegler meinte am Telefon, dass das üblich sei hier in diesem Land, dass die halt schon ein Geschenk erwarteten.

Dazu sei ich ja auch bereit gewesen, beschwöre ich ihn, aber man solle mir doch, bitte sehr!, gleich zu Beginn eine Bestechungsofferte machen, damit dann ein rascher und reibungsloser Service gewährleistet sei. Jetzt sei es zu spät. Nachdem ich schon zum achten Mal dorthin zitiert worden sei, nachdem ich also beleidigt und gedemütigt worden wäre, sei ich jetzt zu stolz, noch nachträglich Schmiere zu bezahlen. Und deswegen hätte ich die Botschaft angerufen, um herauszufinden, was sie zu tun gedächten, wenn die Leute von der Immigration es auf die Spitze trieben und mir meinen Pass auch vor der Abreise nicht aushändigen würden. Schliesslich sei es ja Sache der Eidgenossenschaft, für ihr Eigentum und ihre Bürger einzustehen.

Ob ich denn die Verlängerung beantragt hätte, als das Visum noch gültig gewesen sei, fragte mich Herr Schwegler.

Ja, noch zwei Tage sei es gültig gewesen, war meine Antwort.

So solle ich doch mal in der Botschaft vorbeikommen und den Passbeleg mitbringen, welchen ich von der Immigration bekommen habe. Ihm sei aber kein Fall bekannt, wo jemand wegen der Immigration das Flugzeug verpasst habe.

Beruhigt und ihm dankend hängte ich auf und wusste sogleich, dass auch die Schweizer Botschaft mir in diesem Fall und diesem Nervenseilziehen und diesem Stellungskrieg nicht würde helfen können und dass ich weiterhin auf Gedeih und Verderb der Immigrationsbehörde ausgeliefert war.

Unspektakulär und enttäuschend schnell und verdächtig problemlos, nach all den Aufregungen und Gefühlsausbrüchen, Schweissperlen und Verfluchungen, Hoffnungen und gespielter Demut, lief die folgende Szene ab: Die Beamtin rief, ein paar Augenblicke nachdem ich den Zettel am Schalter abgegeben und sie mich gebeten hatte, Platz zu nehmen, meinen Namen und legte das rote Büchlein mit dem weissen Kreuz auf den Schalter. Ohne ein Wort zu sagen und ohne meine Augen – die ich mittels eines Sonnenbrillenaufsatzes auf meiner Brille in weiser Voraussicht abgedunkelt hatte, um eventuelle Augenkontakte zu vermeiden – auf die Beamtin zu richten, die sich ihrerseits schon desinteressiert wieder umgedreht hatte, um irgendeiner wichtigeren Angelegenheit ihre kostbare Zeit zu widmen, nahm ich den Pass an mich, drehte mich um, kontrollierte die 90tägige Verlängerung und verschwand erhobenen Hauptes aus dem Büro und kehrte bald darauf dem Immigrationsgebäude meinen Rücken.

EPILOG

Auf dem Weg von Ghana über Amsterdam zurück in die Schweiz. Ich sass in Accra im Flugzeug, wartete im Niemandsland des Flughafens auf den Abflug und wähnte mich schon ein bisschen in der Sicherheit und der Geborgenheit der Schweiz. Doch das Schicksal wollte es, dass ich auf dem

Rückflug noch ein letztes Mal in den Genuss von *Afrika Live* kam. Der Platz neben mir im Flugzeug war lange leer geblieben, so dass ich schon zu hoffen wagte, auf dem Flug zurück nach Europa endlich wieder mal genügend Platz und ein wenig Luxus während des Reisens geniessen zu können. Doch kurz bevor wir abflogen, kam sie noch, die Frau, wegen der wir wohl die kleine Verspätung in Kauf nehmen mussten. Ich sah sie schon von weitem und wusste augenblicklich, dass sie es auf mich abgesehen hatte: Eine etwa 130 kg schwere Afrikanerin kam schwitzend und schnaubend mit ihren Handtaschen und dem Handgepäck angebraust und quetschte sich neben mich auf den Mittelsitz der Dreierreihe.

Der einzige Grund warum ich nicht zermalmt worden bin, verdanke ich meiner schnellen Reaktion. Denn bevor sie sich setzen konnte, kippte ich noch im letzten Moment den Bügel, der die beiden Sitze voneinander trennt, nach unten, so dass nachher nur ihre Fettwülste über und zwischen dem Bügel zu mir hinüber schwappten und mir auch so noch immer meinen Platz streitig machten. Sofort nahm ich die Decke aus der Halterung vor mir, warf sie mir über und zog sie hinauf bis über den Kopf und hüllte mich für die nächsten sechs Stunden in Dunkelheit und döste vor mich hin, bis wir in Amsterdam gelandet waren. Ich habe sogar auf das Essen an Bord verzichtet.

> Trotz allen Problemen mit fremden Kulturen muss man es sich einfach eingestehen: Ohne den Einfluss jener andern Welten, bliebe den Industrienationen und ihren Menschen oft nur Funktion und Elektronik, eine Welt ohne Seele. *Thomas Moser*

Das Meer macht blau

Eine Reise durch Zentralamerika und Mexiko

143 Seiten, Gebunden mit ArtWork-Umschlag

Das vierte Buch vom Thomas Moser überzeugt durch seine Vielschichtigkeit. An der Oberfläche befindet sich ein Weltenbummler mit kleinem Budget, der in überfüllten Bussen durch Costa Rica, Nicaragua, Guatemala und Mexiko reist, in billigen Absteigen übernachtet, am Pazifik und in der Karibik rumhängt, auf rauchende Vulkane steigt, durch den Dschungel wandert und einen Spanischkurs besucht. Auf einer nächsten Ebene beschreibt ein sensibler Beobachter die Charaktere und Denkweisen der umherreisenden Aussteiger auf Zeit. Er nimmt ihre Sehnsüchte und Hoffnungen aufs Korn und entlarvt witzig und spitzig die Widersprüche einer zum Teil sehr dekadenten Tourismuskultur. Auf einer dritten, tieferen Ebene findet sich ein Zeitreisender, der über Sinn und Unsinn des Reisens durch fremde Länder philosophiert. Dabei gerät er weit in unsere religiöse und imperiale Vergangenheit zurück und hinterfragt skeptisch den modernen Westen, vor allem aber den heutigen Amerikanismus und dessen Einfluss auf den Rest der Welt.

Bestellen: eingeboren.ch, Merkurstrasse 27, 8032 CH-Zürich
TelFax +41 1 262 39 14, mop@eingeboren.ch, ISBN 3-9521415-3-4

BISHER ERSCHIENENE BÜCHER VON THOMAS MOSER
LebensFalle, 1994, 80 Seiten, ISBN 3-9521415-0-X
AfrikaFieber, 1996, 160 Seiten, ISBN 3-9521415-1-8
BlutVerwandt, 1997, 208 Seiten, ISBN 3-9521415-2-6
Das Meer macht blau, 1999, 143 Seiten, ISBN 3-9521415-3-4